Książka pt. „Jak stać się wytrwałym" napisana jest na podstawie wykładu wygłoszonego przez Andrzeja Moszczyńskiego.

Andrzej Moszczyński jest autorem 23 książek, 34 wykładów oraz 3 kursów. Pasjonuje go zdobywanie wiedzy z obszaru psychologii osobowości i psychologii pozytywnej.

Ponad 700 razy wystąpił jako prelegent podczas seminariów, konferencji czy kongresów mających charakter społeczny i charytatywny.

Regularnie się dokształca i korzysta ze szkoleń takich organizacji edukacyjnych jak: Harvard Business Review, Ernst & Young, Gallup Institute, PwC.

Jego zainteresowania obejmują następujące tematy: potencjał człowieka, poczucie własnej wartości, szczęście, kluczowe cechy osobowości, w tym między innymi odwaga, wytrwałość, wnikliwość, entuzjazm, wiara w siebie, realizm. Obszar jego zainteresowań stanowią również umiejętności wspierające bycie zadowolonym człowiekiem, między innymi: uczenie się, wyznaczanie celów, planowanie, asertywność, podejmowanie decyzji, inicjatywa, priorytety. Zajmuje się też czynnikami wpływającymi na dobre relacje między ludźmi (należą do nich np. miłość, motywacja, pozytywna postawa, wewnętrzny spokój, zaufanie, mądrość).

Od ponad 30 lat jest przedsiębiorcą. W latach dziewięćdziesiątych był przez dziesięć lat prezesem spółki działającej w branży reklamowej i obejmującej zasięgiem cały kraj. Od 2005 r. do 2015 r. był prezesem spółki inwestycyjnej, która komercjalizowała biurowce, hotele, osiedla mieszkaniowe, galerie handlowe.

W latach 2009-2018 był akcjonariuszem strategicznym oraz przewodniczącym rady nadzorczej fabryki urządzeń okrętowych Expom SA. W 2014 r. utworzył w USA spółkę wydawniczą. Od 2019 r. skupia się przede wszystkim na jej rozwoju.

www.andrewmoszczynski.com

Każdy z nas jest niepowtarzalny i wyjątkowy. Wszyscy rodzimy się z naturalną ciekawością świata, pragnieniem odkrywania, poznawania i tworzenia. Jak to się dzieje, że ta wyjątkowość, kreatywność, radość i swoboda ekspresji zatracają się gdzieś podczas dorastania i przypadającej na ten czas edukacji szkolnej? Czy powszechne systemy edukacji oparte na oświeceniowym przekonaniu, że wszyscy przychodzimy na świat jako „czysta tablica", którą można dowolnie zapisać, wspierają nasz rozwój i rozwijają nasze zdolności, czy jest wręcz przeciwnie? Czy szkoła, próbująca nas ukształtować według narzuconego przez system modelu i starająca się nas wpasować w ramy społecznych oczekiwań, na pewno jest warunkiem odniesienia sukcesu i spełnionego życia? Nie potwierdzają tego przykłady ludzi, którzy zdołali się wyłamać z tego systemu i pójść własną drogą. To samoucy – ci, którzy mimo braku formalnego, systemowego wykształcenia odnoszą sukcesy w przeróżnych dziedzinach i branżach, tworząc, wynajdując, unowocześniając, a często wręcz rewolucjonizując życie swoje i współczesnych im ludzi, czyniąc je lepszym i łatwiejszym.

Książka Sukcesy samouków – Królowie wielkiego biznesu, zawiera pięćdziesiąt biogramów nieprzeciętnych ludzi – przedsiębiorców samouków, którzy często wbrew ciężkim warunkom, biedzie i brakowi szkolnej edukacji odnieśli w życiu wielkie sukcesy, w sposób zasadniczy wpływając na świat, jaki znamy. Niech będą one dla Ciebie dowodem na to, że spełnione życie i sukces zależą przede wszystkim od pracy i samodzielnego rozwoju, a nie od formalnego wykształcenia.

Szczegóły dostępne na stronie: www.andrewmoszczynski.com

Jak stać się wytrwałym

Zespół autorski:
Andrew Moszczynski Institute LLC

Redaktor prowadzący:
Alicja Kaszyńska

Zastępca redaktora prowadzącego:
Dorota Śrutowska

Redakcja:
Ewa Ossowska, Anna Skrobiszewska

Korekta:
Dorota Śrutowska

Konsultacja merytoryczna:
dr. Zofia Migus

Projekt graficzny:
Sowa Druk

ISBN: 978-83-65873-61-3

Wszelkie prawa zastrzeżone

Copyright © Andrew Moszczynski Institute LLC 2020

Andrew Moszczynski Institute LLC
1521 Concord Pike STE 303
Wilmington, DE 19803, USA
www.andrewmoszczynski.com

Licencja na Polskę:
Andrew Moszczynski Group sp. z.o.o.
ul. Grunwaldzka 472, 80-309 Gdańsk
www.andrewmoszczynskigroup.com

Licencję wyłączną na Polskę ma Andrew Moszczynski Group sp. z.o.o.
Objęta jest nią cała działalność wydawnicza i szkoleniowa Andrew
Moszczynski Institute. Bez pisemnego zezwolenia Andrew Moszczynski
Group sp. z.o.o. zabrania się kopiowania i rozpowszechniania w jakiejkolwiek
formie tekstów, elementów graficznych,
materiałów szkoleniowych oraz autorskich pomysłów sygnowanych znakiem
firmowym AMI.

REKOMENDACJE

Piotr Borowiec

Jak żyć? To proste pytanie. A jednocześnie niezwykle otwarte. Trudno więc znaleźć odpowiedź, która prostotą i obszernością mogłaby mu dorównać. Bo *nie istnieje uniwersalny przepis na życie czy recepta na szczęście*. Na szczęście! Bo dzięki temu jest do czego w życiu dążyć. Więc człowiek docieka - gdyż jest to wpisane w jego naturę. I szuka – odpowiedzi czy metody. A, czasem, i nie szukając – natrafia… I nawet jeśli nie jest to odpowiedź wprost – tylko rodzaj podpowiedzi – to czemu nie skorzystać?

Na naprowadzające podpowiedzi i przykłady natknąłem się przy okazji nagrywania kolekcji audio-wykładów AMI. Poruszane w nich wątki dotyczą wnikliwości, wytrwałości, wiary w siebie, entuzjazmu, odwagi czy tego jak starać się być realistą. W trakcie nagrań w wielu miejscach utożsamiałem się z przedstawianymi treściami, a ich przekaz był dla mnie klarowny, interesujący i inspirujący. Sądzę, że *dla wielu osób wykłady te mogą być bardzo pomocnym narzędziem w próbie skonfrontowania się z samym sobą.*

A na pewno są ciekawym materiałem do przemyśleń w kontekście pytania: „Jak żyć?"

P.S. Przypomniały mi się słowa jednej z piosenek Wojciecha Młynarskiego, które – w swej lapidarności i trafności - przybliżają się do postawionego na początku pytania jako odpowiedź niemal idealna: „Do przodu żyj!" :)

Olgierd Łukaszewicz

Sam dość wcześnie wiedziałem, czego chcę, i dążyłem do osiągnięcia moich celów. Jednak dopiero w wieku dojrzałym zacząłem wnikliwej się sobie przyglądać i smakować życie. Cieszę się każdą jego chwilą. Chciałbym, by zawsze przynosiło mi ono satysfakcję.

Ludzie, zarówno młodzi, jak i ci starsi, dzięki tym wykładom – przystępnym i jasnym – mogą zdobyć wiedzę, która pozwoli im iść przez życie aktywnie i twórczo, czyli odczuwać jego pełnię. Te wykłady pokazują, że istotą pozytywnej zmiany, tak upragnionej przez nas, nie jest bierne oczekiwanie na zrządzenie losu, a świadomy rozwój i konsekwentne budowanie własnej dojrzałości. Uczą też, jak praktycznie wzmacniać wiarę w siebie, wnikliwość, wytrwałość, odwagę, entuzjazm i realizm – kluczowe cechy, które rzeczywiście pomagają spełniać marzenia i realizować najbardziej ambitne plany. Warto z tego skorzystać.

dr Zofia Migus

Patrząc na kolekcję wykładów przygotowaną przez Instytut i znając już ciekawą tematykę całości, zwróciłam uwagę na dwa aspekty. Przede wszystkim unikatowa forma przekazu treści. Większości z nas wyraz wykład kojarzy się ze statycznym, jednostronnym przekazem informacji. Uczeń, student, słuchacz siedział, a nauczyciel przekazywał treści dydaktyczne bardziej lub mniej interesująco. Jednak twórcy kolekcji odeszli od tego schematu. Wykłady zostały skonstruowane w inny sposób, dużo bardziej nowoczesny, chociaż nawiązujący do sokratejskich metod nauczania. Każdy z nich zawiera wiele pytań skierowanych do słuchacza, aby mógł już podczas czytania zatrzymać się i przemyśleć usłyszane treści. Wsparciem tego procesu są unikatowe ćwiczenia, które inspirują do formułowania własnych sądów i do tworzenia własnego punktu widzenia. To ogromna pomoc, a jednocześnie spełnienie zasady stosowania praktycznego działania w procesie poznawczym.

Drugi aspekt to przydatność publikacji. Moją uwagę zwróciło połączenie różnych kręgów odbiorców, zwłaszcza odbiorcy indywidualnego (w różnym wieku) z biznesowym. Autorzy wykładów wychodzą bowiem z nadzwyczaj słusznego, niestety nie zawsze docenianego założenia, że *na sukces firmy w głównej mierze składa się powodzenie każdego pojedynczego człowieka, który w niej pracuje.* Niezależnie od tego, jakie stanowisko zajmuje. W związku z tym dbałość o samopoczucie pracownika i jego życiową satysfakcję powinna stać się ważnym zadaniem dla zarządów firm i gremiów kierowniczych. Wykłady, które podejmują wiele ważkich tematów z dziedziny rozwoju osobistego mogą stać się istotną pomocą w realizacji tego zadania. Tym samym mogą przyczynić się do *wzmocnienia identyfikowania się z firmą, wzrostu motywacji, kreatywności, a także tolerancji na zmieniające się środowisko pracy.* Pomoże to w osłabieniu lub nawet eliminacji tak niekorzystnych zjawisk jak nadmierna absencja, fluktuacja kadr czy wypalenie zawodowe.

Jako filozof, nauczyciel i doradca biznesowy *polecam więc te kolekcję zarówno ludziom,*

pragnącym zmienić swoje życie prywatne, jak i firmom, których zamiarem jest stworzenie organizacji na miarę XXI wieku, efektywnej i satysfakcjonującej właścicieli oraz pracowników.

Grażyna Wolszczak

Wielką przyjemnością było dla mnie nagrywanie tych wykładów, bo ich tezy w dużym stopniu odzwierciedlają moje poglądy. *Jestem przekonana, że życie powinno przynosi satysfakcję, że trzeba myśleć pozytywnie, że każdy z nas potrzebuje wiary w siebie i innych kluczowych cech umożliwiających urzeczywistnienie własnych marzeń.* Wydaje się, że właściwie wszyscy dobrze o tym wiemy, ale czy na pewno? A jeśli nawet, to czy stosujemy tę wiedzę w praktyce?... Czy jesteśmy wystarczająco wnikliwi, żeby dostrzegać szanse, które życie nam stwarza?... Czy mamy w sobie dosyć wytrwałości, by zrealizować plany?... Czy odważnie wykorzystujemy swoje talenty i uzdolnienia?... Czy entuzjastycznie podchodzimy do zadań?... Czy jest w nas pozytywny realizm, który pozwala śmiało patrzeć w przyszłość i nie popadać w narzekanie?...

Niewiele osób na te wszystkie pytania odpowie „tak", mimo że *każdy chciałby mieć życie ekscytujące, przynoszące radość i dające poczucie spełnienia. Wierzę, że te wykłady mogą*

pomóc to osiągnąć, zwłaszcza tym, którzy po raz pierwszy zetkną się z literaturą z tej dziedziny. Zawierają cenne wskazówki i dużą dawkę praktycznej wiedzy o możliwościach rozwoju osobistego. Ta wiedza przekonuje, bo jest oparta na doświadczeniu ludzi, którzy potrafili zdobyć naprawdę wiele. Analiza ich postaw może stanowić prawdziwą zachętę do rozpoczęcia zmian we własnym życiu.

Jestem urodzoną optymistką. Moja szklanka jest zawsze do połowy pełna. Mimo różnych zawirowań życiowych wierzę, że jeśli człowiek jest zadowolony z życia, jeśli lubi siebie i innych, potrafi wyjść obronną ręką z każdej sytuacji, nawet bardzo trudnej. Cieszę się, że mogłam brać udział w realizacji tak inspirujących wykładów.

Spis treści

Jak stać się wytrwałym 23
Część utrwalająca 79
Słowniczek 117
Źródła i inspiracje 125

Jak stać się wytrwałym

Narrator
Jakie uczucia budzi w Tobie słowo „wytrwałość"? Podziw? Radość? Znużenie? Zniechęcenie? A może lekceważenie, wynikające z przekonania: „Jestem zdolny, więc nie muszę być wytrwały"? To pytanie pojawia się nie bez przyczyny, bo wytrwałość, która wydaje się stać nieco na uboczu istotnych cech człowieka, w rzeczywistości jest jedną z najważniejszych! Od tego, czy ją w sobie wykształcimy, zależy nasza życiowa satysfakcja i poczucie szczęścia.

„Wytrwałość jest tym dla ludzi, czym drożdże dla chleba i ciasta", jak powiedział Leroy Milburn „Roy". W pojęciu „wytrwałość" mieści się determinacja, konsekwencja i upór w dążeniu do celu. Niełatwo sprawić, by wszystkie te cechy stały się trwałymi elementami naszej osobowości. Wymaga to bowiem poświęceń i głębokiego przekonania o słuszności obranej drogi. Czy warto podjąć ten wysiłek? Niezliczone przykłady ludzi wytrwałych – twórców wiekopomnych dzieł, odkrywców i wynalazców – dowodzą, że tak. Dlaczego? Niemal każde dzieło, które przynosi spełnienie i daje poczucie satysfakcji, wiąże się z działaniem długofalowym. Zwątpienie, zmęczenie, spadek motywacji są więc w pewnym momencie nieuchronne. Niektórzy pozwolą, by zwyciężyły chwilowe emocje i myśli podpowiadające, że jest gorzej, że nie dadzą rady, że to nie ma sensu. Dla nich podróż się kończy, zanim marzenie się ziści. Dla innych przejściowe utrudnienia będą oznaczać jedynie konieczne postoje niemające większego wpływu na całość przedsięwzięcia. Ich podróż do celu stanie się dłuższa, będzie wolniejsza, ale się nie skończy w połowie drogi.

Samo zdawanie sobie sprawy z tego, dość oczywistego, mechanizmu to za mało. Dopiero zestawienie wizji porażki i zwycięstwa pozwala wzmocnić nasze siły sprawcze. Wysiłek podjęty dziś i kontynuowany jutro, ból odczuwany dziś i jutro, poczucie osamotnienia, które jest z nami teraz, zrodzą konkretne owoce. Ich smak wynagrodzi wszystko. Ponosimy koszty, zgadzamy się na wyrzeczenia, bo spodziewamy się nagrody. To myślenie perspektywiczne, dostępne jedynie nam, ludziom. Ale wytrwałość nieobca jest także zwierzętom. Nie brak historii psów czy kotów, które pokonywały tysiące kilometrów, by odszukać swoich właścicieli. Zwierzętom zapewne jest łatwiej, bo poddają się prostym emocjom: przywiązaniu i tęsknocie. Może warto, byśmy wzięli przykład z ich wytrwałości. Należy jednak uważać. Pułapką czyhającą na wytrwałych jest porywanie się na zadania, które – mimo włożenia w ich realizację ogromnej determinacji, wysiłku i woli działania – nie mają szans powodzenia. Człowiek wytrwały powinien zmierzać naprzód nie po to, by iść, ale po to, by osiągnąć cel.

Prelegent
Nasze życie osobiste, rodzinne, zawodowe chcielibyśmy widzieć jako pasmo dobrych zdarzeń. Snujemy marzenia o rozwijaniu zainteresowań, ciekawym spędzaniu czasu wolnego, szczęśliwej rodzinie oraz o pracy pełnej interesujących wyzwań, w której jesteśmy doceniani i dobrze wynagradzani. Często zatrzymujemy się jednak na tym etapie. Nie przechodzimy do realizacji naszych wizji. A jeśli podejmiemy jakieś działania, szybko ogarnia nas zniechęcenie. Tłumaczeń, dlaczego ich nie kontynuować, podświadomość

podsuwa bardzo wiele. Skwapliwie z nich korzystamy, bo brakuje nam... wytrwałości. To wymagająca cecha, więc nie chcemy zaakceptować faktu, że tak wiele od niej zależy. Więcej niż od talentu, wykształcenia i środowiska, w którym żyjemy.

Nic na świecie nie zastąpi wytrwałości. Nie zastąpi jej talent – nie ma nic powszechniejszego niż ludzie utalentowani, którzy nie odnoszą sukcesów. Nie uczyni niczego sam geniusz – nienagradzany geniusz to już prawie przysłowie. Nie uczyni niczego też samo wykształcenie – świat jest pełen ludzi wykształconych, o których zapomniano. Tylko wytrwałość i determinacja są wszechmocne. JOHN CALVIN COOLIDGE

Czy bez wytrwałości możemy osiągnąć cele, które sobie wyznaczyliśmy? Niektóre tak. Może się zdarzyć, że mimo braku wytrwałości przez jakiś czas w naszym życiu będzie się działo dobrze. Będziemy szli od jednego szczęśliwego zdarzenia do kolejnego. Póki jednak pozostanie to kwestią przypadku, dobra passa może w każdej chwili przerodzić się w ciąg przykrych zdarzeń. Trudno nam wtedy będzie znieść porażkę, na którą – w swoim przekonaniu – nie zasłużyliśmy.

Warto pamiętać, że potencjał wytrwałości ma każdy. Być może nie zauważyłeś go u siebie, bo przez lata byłeś zmuszany lub zmuszałeś się do wykonywania czegoś, czego nie lubisz. Jeśli jesteś uczniem i nie lubisz się uczyć lub jesteś pracownikiem niezadowolonym ze swojej pracy, prawdopodobnie masz opinię osoby nierzetelnej, niesumiennej, której nie warto powierzać odpowiedzialnych zadań ani zaufać, że postara się wykonać je dobrze i terminowo. Czy tak jest rzeczywiście?

> Wytrwałość jest tym dla ludzi, czym drożdże dla chleba i ciasta. LEROY MILBURN „ROY"

Zwróć uwagę, że często osoby, którym rzekomo brakuje wytrwałości (tak są postrzegane w środowisku), potrafią całe godziny spędzać na ulubionych zajęciach – odrestaurowują stare pojazdy, gotują pracochłonne potrawy, zajmują się pomaganiem schroniskowym psom.

Robią to latami, z ogromną wytrwałością. Taką właśnie, jakiej brakuje im w życiu codziennym. Dlaczego? Bo wytrwałość jest owocem tego, czym się zajmujesz. Przychodzi naturalnie, gdy robisz to, co lubisz. Jeśli w swojej pracy czujesz się źle, nudzisz się lub denerwujesz, być może nie tam znajduje się Twój potencjał. A gdzie? Wśród talentów, pozytywnych cech charakteru, mocnych stron. Odnalezienie go to pierwszy krok, by dotrzeć do zasobów wytrwałości i je wykorzystać. Stanie się tak, jeśli obudzisz w sobie odwagę do rezygnacji z działań, na które nie masz ani siły, ani ochoty. Jeśli powiesz sobie wprost: nie chcę dłużej tego robić. Jeśli zrozumiesz, że dotychczasowe działanie daje tylko iluzoryczne poczucie bezpieczeństwa, w rzeczywistości zaś wywołuje zniechęcenie i żal do siebie. Czy nie szkoda na to życia?

Warto docenić związek wytrwałości z pokorą. Ludzie, którzy nie rozwinęli w sobie pokory, nie mają świadomości popełniania błędów, a przez to trudno im działać wytrwale. Osoba pokorna wobec życia (co nie ma nic wspólnego ze służalczością) potrafi dostrzec przyczyny błędów w swoim działaniu. To daje jej większe możliwości, by te błędy usunąć. Natomiast ktoś, komu pokory brakuje, bo zastąpiła ją pycha, szuka źródeł porażek głównie na zewnątrz. Jak więc może cokolwiek poprawić? Rzeczywisty wpływ mamy jedynie na swoje działania, na zmianę swojego zachowania, na swoją osobowość. Wiedziało o tym wielu znanych ludzi, także przedsiębiorców. Jednym z nich był Sam Walton, pomysłodawca i założyciel sieci sklepów Wal-Mart zatrudniającej ponad 2 miliony pracowników. Miał on zwyczaj pytać klientów o ich potrzeby i słuchał, co mówią. Zdarzały się uwagi negatywne, ale traktował je jak gest przyjaźni, a nie wrogości. Podobnie działał także George Eastman, twórca potęgi Kodaka oraz wielu innych biznesmenów, nie tylko tych o głośnych nazwiskach. Słuchali, analizowali i wytrwale modyfikowali swoje plany. To zapewniło im odnoszenie sukcesów przez wiele lat.

Narrator
Wytrwałość – podobnie jak wiara w siebie, wnikliwość, odwaga, realistyczne podejście do świata i życiowy entuzjazm – jest filarem dojrzałej osobowości. Pozwala świadomie kierować

własnym życiem i zwiększa szanse na osiągnięcie celu. Starożytny myśliciel Seneka Młodszy twierdził, że wytrwałą pracą i pilnym staraniem można zdobyć wszystko. Sima Qian, urzędnik na dworze cesarza Wudi z dynastii Han, uważał wytrwałość za oznakę mądrości, a współczesny mówca Dale Carnegie przekonuje, że „większość rzeczy na tym świecie stworzona została przez ludzi, którzy wytrwali, gdy zdawało się, że nie ma już nadziei". Zastanówmy się więc, jak można zdefiniować wytrwałość, którą tak cenili (i cenią) przedstawiciele różnych kultur i różnych czasów.

Prelegent
Najogólniej można powiedzieć, że wytrwałość to konsekwentne dążenie do celu. Ta definicja nie wyczerpuje jednak istoty pojęcia, warto więc ją uszczegółowić. W Nowym Testamencie wytrwałość wyrażona jest słowem *hypomone*. Oznacza ono także wytrzymałość i siłę do walki z przeciwnościami. William Barclay w słowniku *Ważniejsze słowa Nowego Testamentu* definiuje *hypomone* jako stan umysłu, który pozwala radzić sobie z kłopotami i znosić je, nie poddając

się uczuciu rezygnacji. Twierdzi dalej, że dzięki tej cesze człowiek może stać mocno twarzą do wiatru. Jest to zaleta, która najcięższą próbę potrafi przemienić w chwałę, ponieważ cel staje się ważniejszy od bólu. Słowo *hypomone* w okresie powstawania Ewangelii, czyli w I wieku n.e., było szczególnie często używane w szkołach gladiatorów. Tam nie wystarczało zwykłe staranie się: bez potu, bez determinacji, bez wyznaczenia celu, bez poznania taktyki przeciwnika, bez dawania z siebie absolutnie wszystkiego można było nie przetrwać nawet treningu, nie mówiąc już o walce na śmierć i życie na arenie. Trening polegał nie tylko na ćwiczeniach sprawnościowych i szkoleniu techniki. Równie ważne było wzmacnianie psychiki, dyscyplina i nauka radzenia sobie z nieprzewidzianymi sytuacjami. Zwycięzcami zawsze zostawali ci, którzy trenowali zarówno ciało, jak i ducha najbardziej wytrwale.

> Poddający się – nigdy nie wygrywa, a wygrywający – nigdy się nie poddaje. NAPOLEON HILL

Jak na tej podstawie możemy sformułować pełną definicję wytrwałości? Wytrwałość to dążenie do obranego celu z determinacją i konsekwencją, cierpliwe znoszenie przeciwności i radzenie sobie z nimi oraz niepoddawanie się uczuciu rezygnacji nawet w najbardziej niesprzyjających warunkach zewnętrznych. Wytrwałość zakłada niezachwiane trwanie w postanowieniu, nawet wtedy gdy inni – w tym osoby z najbliższego środowiska – będą zniechęcać do pomysłu i namawiać do zejścia z obranej drogi.

Narrator
Czy obecnie, kiedy przemysł i usługi nastawione są na to, by oferować nam gotowe produkty i ułatwiać wszystko, co tylko robimy, znaczenie wytrwałości nie zmalało? Wydaje się, że nie. W dzisiejszych czasach nie ma co prawda gladiatorów, ale wytrwałość tak samo jak przed wiekami może zapewnić zwycięstwo. Jedyne prawdziwe, bo zwycięstwo nad sobą. Bycie wytrwałym wymaga jednak dużego wysiłku i odpowiednio postawionego celu. Celem jest przewidywany rezultat działań: sytuacja, miejsce, stan, w którym chcemy się znaleźć po upływie określonego

czasu. Jeśli mamy w głowie konkretny cel i nie stracimy go z pola widzenia, znajdziemy siły, by dojść do pierwszych efektów. A te pozwolą nam uwierzyć, że damy radę. Wytrwałość poprowadzi nas od euforii do euforii, jednak nie pozwoli spocząć na laurach. Pomoże też wydostać się z dołka, gdy pojawią się trudności, a samopoczucie radykalnie się pogorszy.

Prelegent
Czy obserwowałeś kiedyś przebieg karier sportowców? Czy zastanawiałeś się, ile wysiłku muszą włożyć w to, by osiągać dobre wyniki? Wyczerpujące treningi, surowy tryb życia, ściśle określona dieta. W imię czego odmawiają sobie codziennych przyjemności? Po co się tak męczą? Jedynym powodem jest cel, o którym przed chwilą była mowa. Godzą się z koniecznością wyrzeczeń i podejmowania ogromnego wysiłku (wydaje się niekiedy, że nadludzkiego). Wiedzą, ile kosztuje znalezienie się w gronie zwycięzców i są gotowi zapłacić tę cenę. Mają poczucie, że warto. I tak jest, pod warunkiem że potrafią sobie poradzić z nadchodzącymi sukcesami. Wygrane zawody – jedne, drugie, trzecie

– mogą spowodować, że poczucie własnej wartości gwałtownie i nadmiernie wzrośnie. Jeśli taki stan trwa krótko, nie dzieje się nic złego, wkrótce świadomość własnych ograniczeń i realizm pomogą przywrócić je do poziomu optymalnego. Bywa jednak inaczej, zwłaszcza u osób, które okupiły zwycięstwo niezbyt dużym wysiłkiem. Zbyt szybki sukces lub ciąg sukcesów demotywują. Dają złudne poczucie, że zawsze tak będzie. Łatwo wówczas ulec podszeptom leniwej i zadufanej części osobowości. Jakim? Na przykład: „Jesteś świetny, nie musisz tyle trenować!" albo: „Jesteś i tak lepszy od innych, niech oni trenują. Ty odpocznij, idź na piwo, należy ci się!".

> Większość ludzi nie prowadzi swojego życia.
> Oni je tylko akceptują. JOHN KOTTER

W historii sportu nie brak przykładów niezwykle utalentowanych sportowców, którzy swój talent zaprzepaścili. Niekiedy popadli w uzależnienia. Piłkarz George Best, grający na przełomie lat 60. i 70. w lidze angielskiej, był uznawany przez wielu specjalistów za jednego z najlepszych w historii futbolu. W owym czasie nie miał konkurencji. Często porównywano go do legendarnego Pelégo. Kilka bardzo udanych sezonów w Manchesterze United, mnóstwo strzelonych bramek, tysiące pochwał ze strony kibiców i komentatorów utwierdziły go w przekonaniu, że jest genialny, więc może starać się mniej od innych. Zaczął zaniedbywać treningi, rzucił się w wir życia towarzyskiego, nie stronił od alkoholu. Konsekwencje nietrudno było przewidzieć: spadek wydolności i osłabienie kondycji fizycznej. Best z sezonu na sezonu grał coraz gorzej. Coraz częściej więc stykał się z ostrą krytyką, a ponieważ był przyzwyczajony do zwycięstw i uwielbienia, wyjątkowo mocno przeżywał rozczarowania. Coraz chętniej zaglądał do kieliszka. Gdy miał zaledwie 29 lat, został zmuszony do odejścia z drużyny. W kolejnych sezonach próbował jeszcze swoich sił w kilku mało znaczących klubach na całym świecie, ale był już tylko cieniem siebie. Nie osiągnął tego, na co było go stać. Zabrakło mu wewnętrznej siły i wytrwałości. Historia piłkarza jest doskonałym przykładem na to, jak naturalny talent może zostać zmarnowany. Smutne, ale pouczające ostrzeżenie. Warto pamiętać, że bez wytrwałości trudno osiągać dalekosiężne cele, a szybki sukces może nie zapewnić trwałego szczęścia.

Narrator
Czy teraz już rozumiesz, dlaczego wytrwałość jest jedną z kluczowych cech osobowości? Jeśli odnajdziesz w sobie i wzmocnisz jej elementy, takie jak: konsekwencja w dążeniu do celu, niezrażanie się trudnościami, nieuleganie wpływom i huraoptymizmowi, będziesz miał dużą szansę na satysfakcjonujące, spełnione życie. Być może już o tym wiesz, a może jedynie to przeczuwasz. Prawdopodobnie cenisz ludzi, którzy cechują się wytrwałością. Być może marzysz, by stać się do nich podobnym. Właśnie, marzenia... Czy domyślasz się, jak dużą rolę odgrywają one w kształtowaniu wytrwałości?

Prelegent
Marzenie to początek. Zanim ustalimy, czym ono jest, powinniśmy nauczyć się odróżniać marzenie od fantazjowania, czyli inaczej: od mrzonki. Obrazowo można powiedzieć, że marzenie trzyma się ziemi, a fantazja buja w obłokach.

Marzenie, w przeciwieństwie do fantazji, nawet najbardziej niedościgłe, ma zawsze choćby jeden element realizmu, na bazie którego można wyznaczyć cel.

Jak to działa? W 1961 roku, gdy program badań kosmosu dopiero raczkował, prezydent Stanów Zjednoczonych John Fitzgerald Kennedy ogłosił w Kongresie, że człowiek stanie na Księżycu do końca dekady, czyli do 1970 roku. Powiedział to z dużą pewnością, z pewnością człowieka, który wie, że tak będzie. A przecież wiedzieć nie mógł. Jednak to nie była fantazja. To było marzenie oparte na dotychczasowych dokonaniach ludzkości. Kosmos już eksplorowały pierwsze sputniki. Jeden z lotów odbył się z udziałem Jurija Gagarina. Czy z tego nie wypływała logicznie myśl o możliwości wysłania człowieka na Księżyc? I tak się stało. Dnia 24 lipca 1969 roku człowiek po raz pierwszy postawił stopę na Srebrnym Globie.

Ten sugestywny przykład dobrze pokazuje, czym jest marzenie. Niezbędnym warunkiem realizacji staje się oparcie go na realnych przesłankach. Marzyciel widzi siebie jako osobę postępującą w określony sposób albo dokonującą czegoś ważnego. Tworzy w swoim umyśle wizję przyszłości.

Aby osiągnąć wspaniałe rzeczy musimy marzyć tak samo dobrze, jak działać. ANATOL FRANCE

Niestety, trudno być marzycielem, bo trzymają nas przy ziemi stereotypy, strach przed opinią innych oraz pseudoautorytety. Z każdym rokiem oddalamy się od radosnej twórczości dziecka. Dziecka, które chce poznawać, wymyślać, tworzyć. Kilkulatek z patyka, kamyka, klocka, kawałka papieru potrafi zrobić wszystko. Póki nie zepsuje tego telewizja i komputer, dziecięce zabawy opierają się głównie na wyobraźni. Przedmioty, które dziecko znajdzie w otoczeniu, natychmiast zaczynają pełnić jakieś nowe funkcje w zabawie, a ono samo z ogromną łatwością wchodzi w wyobrażone role. Potrafi odegrać wszystko, co zechce. W jednej chwili przeistacza się z superbohatera w małego owada, który ucieka przed wielkim ptaszyskiem. Na czas zabawy nie gra, lecz wręcz jest postacią, w którą się wciela. Niestety, te umiejętności z wiekiem zanikają.

Człowiek składa się z ciała, umysłu i wyobraźni. Jego ciało jest niedoskonałe, jego umysł zawodny, ale jego wyobraźnia czyni go znakomitym. JOHN MANSFIELD

Co takiego dzieje się w życiu większości z nas, że gubimy zdolność wykorzystywania w życiu wyobraźni? Negatywną rolę często odgrywa wychowanie. Rodzice boją się naszych marzeń, bo nie chcą, byśmy odczuli bolesne rozczarowanie, jeśli one się nie spełnią. Wolą więc, żebyśmy nie odkrywali nowych ścieżek, lecz podążali utartymi, na których niemal wszystko można przewidzieć, a właściwie oni za nas mogą to przewidzieć. Szkoła również nie rozwija wyobraźni. Zwłaszcza teraz, gdy najważniejsza stała się umiejętność rozwiązywania testów, a więc wskazywania jedynej dobrej odpowiedzi. Na samodzielne dochodzenie do rozwiązań nie ma czasu, a na inne rozstrzygnięcia niż zakłada program szkolny – nie ma miejsca. Ponieważ zaś na ogół uczniowie dążą do tego, by mieć dobre stopnie, poddają się regułom, które panują w szkole. Niewielu ma świadomość, że to nie są jedyne możliwe reguły. Zazwyczaj więc grzecznie odrabiają lekcje, starając się nie tyle szukać rozwiązań, ile przewidzianych programem odpowiedzi. Po takim treningu, trwającym najczęściej kilkanaście lat, z wyobraźni zostają strzępy. A mogłaby być ona siłą napędową dorosłego życia.

Czy zauważyłeś, że częściej architektami zostają dzieci architektów, nauczycielami dzieci nauczycieli, a lekarzami dzieci lekarzy? Zastanawiałeś się, dlaczego? Wielu pewnie stwierdzi: bo łatwiej im dostać pracę. To jednak nie najważniejszy powód. Główną przyczyną „dziedziczenia" zawodu jest to, że dzieci z tych rodzin mają obraz architekta, nauczyciela, lekarza (prawnika, aktora, dziennikarza...) przed sobą każdego dnia. Widzą, co taki człowiek robi, jak się zachowuje, jak wygląda jego dzień pracy, w czym musi być dobry itp. Widzą, a więc mogą się z tym utożsamić. Cel staje się jasny, a droga do niego wyraźna.

Narrator
Ten „domowy" wizerunek możesz zastąpić marzeniami i wyobraźnią. W marzeniach sam możesz stworzyć obraz przyszłej roli społecznej.

Jeśli chcesz to zrobić, zacznij od odszukania biografii ludzi wykonujących interesujący Cię zawód lub pełniących fascynującą Cię funkcję. Przejrzyj w tym celu książki i czasopisma, znajdź filmy, w których będą odpowiednie przykłady. I wyobrażaj sobie siebie w wybranej roli. Jak najpełniejsze wywoływanie obrazu przyszłego życia już od dzieciństwa i wzbogacanie go systematycznie o coraz to nowe szczegóły doda Ci energii koniecznej, aby dojść do celu. Czy korzystasz z tego w wystarczający sposób? A może poprzestajesz na nieśmiałym wyobrażeniu, które bardzo łatwo utracić, jeśli nie stworzy się mocnej, opartej na realnych przesłankach wizji?

Prelegent
Marzenia są bardzo skutecznym sposobem wyrabiania w sobie wytrwałości w dążeniu do celu. Warto jednak wziąć pod uwagę, że marzyciele nie zawsze spotykają się z aprobatą i zrozumieniem. Gdy snują wizje wykraczające poza stereotypy i utarte ścieżki przyzwyczajeń, budzą śmiech lub politowanie. Traktuje się ich jak nieodpowiedzialnych i nierozsądnych. Mówi się im, że „bujanie w obłokach"

jest niepoważne i dziecinne. Daje się do zrozumienia, że nadszedł czas, by „jakoś" przeżyć życie (w domyśle – tak samo jak inni). Takie społeczne nastawienie zabija w wielu ludziach chęć do działania i może stać się przyczyną rezygnacji z nawet bardzo wartościowych celów. Zwróć uwagę, czy czasami sam nie zaprzestałeś ujawniania marzeń, by nie narażać się na negatywną opinię. Warto zyskać taką świadomość, bez względu na to, czy masz teraz lat „naście", „dzieści" czy „dziesiąt". Pozwoli Ci ona zrozumieć, że w każdym momencie masz wybór. Możesz wybrać, czy zechcesz iść własną drogą, czy podążyć za tłumem. Jednak jeśli Twoja wizja przyszłości zakłada samodzielne mierzenie się z nieznanym, z trudnościami, które dopiero przed Tobą staną, z otoczeniem, które nie będzie Cię rozumiało, idź w swoją stronę, dbając o wytrwałość, bo przez jakiś czas może się okazać Twoim jedynym towarzyszem. Nie staraj się przekonać o swoich racjach całego świata, ale też nie ulegaj presji innych.

Pocieszające jest to, że zazwyczaj marzyciele spotykają się z krytyką otoczenia tylko na początku drogi. Warto to przetrwać. Gdy będziesz wytrwale dążyć do celu i ludzie zobaczą na własne oczy pozytywne efekty Twoich działań, wcześniej czy później zmienią swoją reakcję. Niedowierzanie zacznie słabnąć, a być może nawet przerodzi się w podziw. Ale to początek jest najważniejszy. Jeśli pozwolisz, by inni zniechęcaniem, ironią i brakiem wiary podcięli Ci skrzydła, przegrasz. Jeśli mimo to spróbujesz działać, dostaniesz szansę dojścia do celu. A zatem odważ się marzyć – stań się ekspertem od marzeń. Uwierz, że spełnienie marzeń jest możliwe.

Narrator
Spełnianie marzeń jest możliwe, ale wymaga wytrwałości. Jak wskazywał Winston Churchill: „Ciągłe podejmowanie wysiłku, a nie siła czy inteligencja, jest kluczem do wyzwolenia naszego potencjału." Wytrwałość to zadziwiająca cecha. Każdy chciałby ją mieć, każdy może ją w sobie wykształcić, a wytrwałych jest tak niewielu. Czy zastanawiałeś się, dlaczego? Dlaczego zwykle wolimy się poddać, zrobić unik przed trudnościami? Raczej zrezygnować niż dokończyć

próbę? Przyczyn jest wiele. Niektóre leżą poza nami, inne sami tworzymy we własnym umyśle. Co je łączy? Każda z nich potrafi zablokować nasze działania, stać się powodem, a częściej pretekstem, do porzucenia planów lub odroczenia ich realizacji.

Prelegent
Przeszkód natury zewnętrznej jest znacznie mniej niż wewnętrznej. Jedną z nich jest brak pieniędzy. Ile to razy nasze marzenia o posiadaniu domu, samochodu i różnych innych rzeczy, o wyjazdach zagranicznych, korzystaniu z kultury lub aktywnym uczestnictwie w sporcie kończą się konkluzją: „Nie mam na to pieniędzy". Takie zdania formułujemy nawet wtedy, jeśli marzenie dotyczy utworzenia własnej firmy, czyli gdy jesteśmy na progu zarabiania! Czy to nie dziwne, że sami budujemy sobie z tego mocną zaporę? Zatrzymujemy się w tym miejscu, gdzie powinniśmy zacząć naszą aktywność. Doskonałym przykładem może być następująca anegdota: Pewien człowiek miał zwyczaj głośno marzyć o nowym samochodzie, wyjeździe w Alpy na narty i długich podróżach po Polsce.

Za każdym razem kończył tym samym, zwracając się do żony: „Tak by było świetnie, ale… nie mamy na to pieniędzy". Kobieta przez wiele lat wysłuchiwała tego bez komentarza. Aż wreszcie pewnego dnia po podobnej wypowiedzi stwierdziła: „W takim razie masz już tylko jeden problem – jak zdobyć te pieniądze". Czy nie uważasz, że to mądre zdanie? Skoro wiesz, co chcesz zrobić lub mieć, skoro ukonkretniłeś swoje marzenia, masz przed sobą jeden problem, który możesz zamienić w wyzwanie: jak to zrobić! Jeśli pomyślisz w ten sposób, to nawet gdy zatrzymasz się przed przeszkodą, nie będziesz tam stał, lecz zaczniesz szukać dróg, które pozwolą Ci ją ominąć.

Ciągłe podejmowanie wysiłku, a nie siła czy inteligencja, jest kluczem do wyzwolenia naszego potencjału. WINSTON CHURCHILL

Częstą przeszkodą zewnętrzną jest zetknięcie się z niezrozumieniem otoczenia. Tego najbliższego. Rodziny, kolegów ze szkoły lub pracy, znajomych. Znane powiedzenie mówi: „Z kim przestajesz, takim się stajesz".

W dzieciństwie podporządkowujemy się grupie rodzinnej. Powtarzamy za nią swoje zachowania, przejmujemy tradycje. Później podobnie zachowujemy się wobec każdej grupy, z którą chcielibyśmy się identyfikować. Jeśli nasze wyobrażenia o życiu i cele, które pragniemy osiągnąć, są inne niż te, które ma grupa, ujawnienie ich może spowodować różne reakcje: od niedowierzania i ośmieszania po próby (często niestety skuteczne) odwodzenia nas od realizacji zamierzeń. Przyznać jednak trzeba, że grupa może mieć też dużą siłę motywującą. Pod warunkiem że nasze cele będą spójne z jej ideami. Wiedząc o wpływie grupy na psychikę, warto poszukać towarzystwa, które będzie popierało nasze działania.

Jeśli twoja aktywność inspiruje innych, by więcej marzyć, więcej się uczyć, więcej działać i stawać się kimś więcej, to jesteś liderem.
JOHN QUINCY ADAMS

Do przeszkód natury zewnętrznej należą także **niewłaściwi doradcy** oraz niewłaściwe treści: czasopisma, filmy, niektóre strony internetowe, audycje radiowe, a zwłaszcza telewizyjne. Niewłaściwi doradcy mogą nas ściągnąć w dół podobnie jak grupa. Już na progu pozbawić chęci do snucia marzeń albo, nawet w połowie drogi, skutecznie zrazić do dalszych działań. Z kolei z mediów często płynie przekaz, który nie zachęca do wyjścia z przeciętności, a nawet tę przeciętność utrwala. To wszechobecne wiadomości o celebrytach. Czy człowiek bombardowany informacjami o istnieniu „sfer wyższych" i czujący, że dostęp do nich jest dla niego zamknięty, może czerpać z tego siłę i być wytrwały w dążeniu do celu? Jeśli nie chcesz zrezygnować z korzystania z tego typu czasopism, audycji czy filmów, zdobądź się na dystans do nich. To świat nieistniejący, stworzony sztucznie, aby budzić podziw pomieszany z zazdrością.

Pozostaje jeszcze jedna przeszkoda zewnętrzna, z którą zetknął się niemal każdy z nas, żartem zwana złośliwością przedmiotów martwych. Wszyscy wiemy, co to oznacza: komputer się zawiesi i z ekranu zniknie kilkugodzinna praca, w drodze na ważne spotkanie samochód się popsuje, kawa wyleje się na garnitur itp. Zwykle wytrąca nas to z równowagi.

Nawet najwięksi optymiści potrzebują wtedy dłuższej chwili, by się opanować. Wielu takie okoliczności niesłusznie odbiera jako znak, że nie powinni dążyć do zamierzonego celu. Czy Tobie przytrafiło się coś podobnego? Jak wtedy zareagowałeś? Zrezygnowałeś z dalszych działań czy poradziłeś sobie z przeszkodą i dalej szedłeś wytyczoną wcześniej ścieżką?

Narrator
Jak skutecznie zapobiegać tego rodzaju przeszkodom lub jak je pokonywać? Pierwszy krok już zrobiłeś, bo uświadomiłeś sobie ich istnienie. Jeśli przeszkodą jest brak pieniędzy, rozejrzyj się wokół. Prawdopodobnie znajdziesz nowe źródło zarobku, gdy otworzysz się na propozycje, na które dotychczas bez większego zastanowienia odpowiadałeś: „Nie". Przejrzyj też swoje finanse – może zbyt wiele wydajesz na rzeczy, które tak naprawdę nie są Ci potrzebne. Przyjrzyj się również swojemu marzeniu. Jaki jest prawdziwy powód, że dotąd go nie zrealizowałeś? Czy rzeczywiście chcesz wydać pieniądze na cel, o którym tyle mówisz? Zweryfikuj to. Pozostałe przeszkody zewnętrzne – niezrozumienie otoczenia,

niewłaściwi doradcy – są do pokonania, jeśli będziesz miał do nich wystarczający dystans. Już dziś możesz zacząć ignorować negatywne treści. A co zrobić ze „złośliwością przedmiotów martwych"? Nie nadawać drobnym negatywnym zdarzeniom przesadnej wartości. Można się tego nauczyć. Z czasem prawdopodobnie przestaniesz widzieć w nich szczególny problem.

Zajmijmy się teraz liczną grupą przeszkód wewnętrznych ujemnie oddziałujących na wytrwałość. Wewnętrznych, czyli takich, na które możemy mieć wpływ, pod warunkiem że będziemy tego chcieli. Należą do nich: brak wiary w cel lub znużenie dążeniem do jego osiągnięcia, brak wiary w siebie, brak potrzebnych umiejętności, hamujące nawyki, samotne działanie albo brak efektów mimo długich starań.

Prelegent
„Na wewnętrzne przeszkody możemy mieć wpływ, jeśli będziemy tego chcieli". Brzmi obiecująco. Wobec tego… co nas powstrzymuje? Dlaczego nie eliminujemy tych przeszkód jedna po drugiej i tak często skłonni jesteśmy do rezygnowania z realizacji naszych

pomysłów? Jedną z przyczyn jest pesymizm, wirus, który nas osłabia i zatruwa chęć działania. Przeszkadza i ogranicza. Wskazuje wyłącznie niebezpieczeństwa i rafy, karmiąc je tak długo, aż stają się ogromne, nie do pokonania. Wyrywa z korzeniami naszą inicjatywę, uśmierca pragnienia, blokuje pomysły. Czasem go dziedziczymy razem z tradycją i obyczajowością, czasem się z nim rodzimy. To pesymizm podsuwa nam czarne myśli: „Nie potrafię", „I tak mi się nie uda", „Życie jest ciężkie". Co wówczas zrobić?

Czarnowidztwo najpierw powinniśmy zdemaskować i osłabić. Pierwszym krokiem jest zrozumienie, że istnieje jedynie w naszym umyśle. To my, nikt inny, wymyślamy czarne scenariusze i szukamy powodów, żeby czegoś nie zrobić. Gdy staniemy się tego świadomi, możemy – choćby najpierw ćwiczeniowo – szukać pozytywnych stron sytuacji. W ten sposób głodzimy wątpliwości i oddalamy je od siebie. Wspomagać nas mogą znane sposoby: odpowiednie lektury, odpowiedni ludzie, odpowiednie filmy i programy, a także przypominanie sobie własnych sukcesów.

Potykając się, można zajść daleko, nie wolno tylko upaść i nie podnieść się. JOHANN WOLFGANG VON GOETHE

Teraz już możemy przyjrzeć się przeciwnościom w kolejności, w jakiej napotykamy je na drodze biegnącej od pomysłu do osiągnięcia celu. **Brak wiary w cel** pojawia się zwykle razem z pomysłem albo w fazie ukonkretniania marzenia. To, co wymyśliliśmy, zaczyna nam się wydawać nierealne lub wręcz głupie. Zamiast kontynuować wyobrażenia i uszczegóławiać je, skupiamy się na szukaniu dowodów wskazujących, że nie warto zawracać sobie głowy realizacją danego pomysłu. Brak wiary w cel może się pojawić niemal w każdym momencie, jeśli przed rozpoczęciem działań nie poświęcimy czasu na przygotowanie dobrego planu i nie weźmiemy pod uwagę ewentualnych trudności.

Z brakiem wiary w cel łączy się **brak wiary w siebie**. Jeśli ją wzmocnimy, łatwiej będzie nam uwierzyć, że jesteśmy w stanie zrealizować nasze zamierzenia. Sposoby rozwijania wiary w siebie opartej na poczuciu własnej wartości znajdują się we wcześniejszych wykładach, warto jednak przypomnieć, że dużą rolę odgrywa w tym procesie wiedza, samodzielność i pasja.

Można wyjść od jakiegoś miejsca, ale nie można na nim spocząć. ERICH KÄSTNER

Kolejną przeszkodą w wykształceniu wytrwałości, niezbędnej do realizacji marzeń, jest brak umiejętności. Można powiedzieć, że jest to trudność ewidentnie zniechęcająca, o ile zatrzymamy się na rozpamiętywaniu tego faktu. Dlaczego? Ponieważ generuje wiele argumentów na pierwszy rzut oka bardzo racjonalnych. Łączą się one w wiarygodny ciąg logiczny, choć jeśli przyjrzeć się im bliżej, tworzą raczej błędne koło, które sami możemy przerwać. Jakie to argumenty? Na przykład: cena szkoleń, brak czasu, niewiara w możliwość przyjęcia nowej wiedzy (tego argumentu używają często ludzie w dojrzałym wieku), niechęć do uczenia się związana z dawną niechęcią do szkoły oraz przewidywanie trudności w zdobywaniu doświadczenia. Jak można sobie z nimi poradzić? Jeśli przyjrzymy się rynkowej ofercie kursów, zauważymy, że dostosowane są one do potrzeb i kieszeni każdego z nas. Można pogłębić wiedzę nawet całkiem bezpłatnie, korzystając z dofinansowania lub z materiałów dostępnych za darmo w Internecie. Zdobycie doświadczenia nie jest teraz tak wielką przeszkodą, jeśli rzeczywiście się tego chce. Warto szukać praktyki już podczas kursu. Dobrym wyjściem może okazać się wolontariat. Każda godzina spędzona na wykorzystywaniu zdobytych umiejętności to jedna godzina więcej w nabieraniu wprawy.

W wytrwałym dochodzeniu do celu może też przeszkodzić zbyt szybkie tempo początkowe. Wielu z nas ma za sobą przynajmniej jedno takie doświadczenie. Podchodzimy do pomysłu z dużym entuzjazmem. Po kilku dniach jednak entuzjazm słabnie. Wiemy już jak piąć się do celu, ale… nie mamy chęci. Właściwie potrzebny nam jeden drobny pretekst, by rzucić wszystko. Zazwyczaj go znajdujemy i… rezygnujemy z zamierzeń.

Podobny finał może mieć chwilowy brak efektów lub znużenie celem. Pojawia się ono zwykle wtedy, gdy plany są dalekosiężne. Doskonale rozumieją to amatorzy pieszych wycieczek. Jeśli zaplanuje się zbyt długą wędrówkę, bez przystanków w ciekawych miejscach i kilku krótkich odpoczynków, trudno dotrzeć do wyznaczonego punktu. Warto więc tworzyć cele pośrednie. Ich zdobycie będzie zachętą, by pójść dalej.

> Możemy zrealizować każde zamierzenie, jeśli potrafimy trwać w nim wystarczająco długo. HELEN KELLER

Wiele można powiedzieć na temat hamujących nawyków. Które z nich są przeszkodą w wytrwałości? Wiedzą o tym pracownicy etatowi, ale jeszcze lepiej ci, którzy pracują w domu, gdzie nikt ich nie kontroluje. Zbyt częste przerwy na kolejną kawę, nałogowe sprawdzanie poczty internetowej lub przeglądanie stron www bez szczególnej potrzeby. Niekiedy też przydługie rozmowy telefoniczne lub inne rozpraszające czynności. Wybija z rytmu również palenie papierosów. Negatywne nawyki przerywają tok pracy, oddalają osiągnięcie celu, rozleniwiają, a tym samym ujemnie wpływają na wytrwałość.

Jeszcze jedną przeszkodą, którą powinniśmy brać pod uwagę, jest samotne działanie.

Wielu z nas nie lubi mówić innym o swoich planach. To asekuracja przed skutkami ewentualnego niepowodzenia. Przyznanie się do porażki łączy się bowiem z nieprzyjemnymi uczuciami. Boimy się ośmieszenia, triumfalizmu ludzi, którzy odwodzili nas od projektu, więc wolimy sami dążyć do celu. Samemu idzie się jednak trudniej, trudniej też pokonuje się przeszkody. Bardzo łatwo za to stracić wytrwałość i zejść z obranej drogi.

Narrator
Warto mieć świadomość czynników osłabiających wytrwałość, bo pomaga ona nie poddać się ich działaniu i odpowiednio wcześnie reagować. To konieczne, jeśli wytrwałość ma się stać naszą mocną stroną. Wytrwałości można się nauczyć, tak jak na przykład języka obcego lub gotowania, bo akurat ta cecha w pewnym sensie jest umiejętnością. Samo jednak stwierdzenie: „Chcę być wytrwały" lub „Będę wytrwały" nie przyniesie skutku, tak jak nie wywoła efektu wyrażenie chęci nauczenia się czegokolwiek, jeśli nie pojawi się motywacja, a za nią nie podąży działanie. Stąd ważne

jest, by oprócz pragnienia stania się wytrwałym, dopowiedzieć, po co chcemy podjąć planowany wysiłek. A to już nic innego, jak wyznaczenie sobie konkretnych celów. Wiadomo, że większość z nas dąży do tego, by stać się lepszym człowiekiem, godnym zaufania i poważanym, by wieść szczęśliwsze życie. To jednak stwierdzenia zbyt ogólne, aby można było na nich oprzeć ćwiczenie wytrwałości.

Prelegent
Co może być celem? Na przykład zmiana zawodu, jak w przypadku pewnego człowieka, który postanowił zostać lekarzem. Nie byłoby w tym nic niezwykłego, gdyby nie to, że przez wiele lat zajmował się czymś zupełnie innym, a lekarzem postanowił zostać dopiero po ukończeniu 40. roku życia. I co? Zaczął studiować medycynę. Z determinacją parł do przodu. Marzenia i przemożna chęć osiągnięcia celu zrodziły hart ducha i wytrwałość. Spróbujmy sobie wyobrazić, jak wiele argumentów przemawiało za tym, by z celu zrezygnował: od ogromu wiedzy, którą musiał przyswoić, po zniechęcające reakcje otoczenia, któremu jego zamysł wydał się kaprysem.

To jednak nie był kaprys. Zamierzenie się powiodło. Ów człowiek zdobył potrzebne umiejętności i zajął się leczeniem ludzi. Twoje pomysły są równie wartościowe. I możesz je zrealizować, jeśli staniesz się wytrwały i będziesz tę wytrwałość stale wzmacniał. Zastanawiasz się zapewne, co jest paliwem napędzającym wytrwałość. Jakie to paliwo ma składniki?

Liczy się nie to, kim się ktoś urodził, ale kim wybrał, by być. JOANNE KATHLEEN ROWLING

Jednym z nich jest dobre przygotowanie do wykonania zadania. Nie zaczynajmy pracy bez dokładnego rozeznania się w temacie. Za pomocą dialogu wewnętrznego ustalmy stan naszej wiedzy. Szczegółowo i konkretnie. Przystąpienie do realizacji bez przygotowania to podcinanie sobie samemu skrzydeł i osłabianie wytrwałości. Znasz dobrze to uczucie, prawda? Jeśli właściwie obmyślimy drogę, możemy stawić czoła wyzwaniu i nie poddać się.

Innym ważnym składnikiem paliwa napędzającego wytrwałość jest nieprzyjmowanie postawy ofiary. Po czym poznać taką postawę? Po chęci szukania winnego wyrażającej się na przykład używaniem zdań typu: „To przez nich", „On mnie nie przestrzegł", „Nikt mi nie powiedział" itp. Nie obarczajmy innych winą za jakość własnego życia i za swoje decyzje, bo to uniemożliwia działanie podświadomości, która ma przecież wypracować i podtrzymać w nas wytrwałość. Gdy ulegniemy negatywnym pokusom obwiniania innych, uruchomimy w sobie destrukcyjny mechanizm ranienia ludzi w naszym otoczeniu i niechęć do nich. Wytłumaczalną zresztą. Skoro są winni naszych niepowodzeń, nie możemy ich lubić – wydaje się to oczywiste. Błąd jednak polega na przyjęciu fałszywej przesłanki. Pozbycie się nawyku szukania winnych wokół siebie otwiera przestrzeń dla wytrwałości, bo pozwala uwierzyć, że sami jesteśmy odpowiedzialni za swoje życie. A skoro tak – warto działać i być w tych działaniach wytrwałym.

Najistotniejszym składnikiem paliwa napędzającego wytrwałość jest wyznaczanie celów. Głównym sposobem, a jednocześnie warunkiem skuteczności tej metody, jest ich zapisanie. Cele wymyślone i niezapisane są podobne do mrzonek postaci z pierwszych animowanych filmów.

Rysunkowy bohater myśli o czymś, po czym jednym dmuchnięciem rozwiewa te myśli. Prawie dokładnie tak samo dzieje się z naszymi zamierzeniami. Jeśli zostawimy je w postaci myśli, szybko znikną. Cel zapisany staje się bliższy i łatwiejszy do realizacji (tu drobna dygresja: warto nosić ze sobą mały notesik albo oswoić się z pisaniem na dotykowej klawiaturze telefonu i notować pojawiające się pomysły, rozwiązania bądź inspirujące pytania). Dalej postępujemy podobnie jak przy kształtowaniu wiary w siebie, czyli szukamy przepisu, który pomoże nam zrealizować cel. Wypisujemy narzędzia i etapy pośrednie. Dobrze byłoby to zrobić w jak najkrótszym czasie, żeby wykorzystać początkowy entuzjazm. Jeśli mamy już zarys planu – wyznaczmy sobie terminy i starajmy się ich przestrzegać.

Narrator
We wzmacnianiu wytrwałości może nam pomóc podświadomość. Jest to niewyobrażalna siła. Jak jej użyć, by wytrwałość zaczęła się włączać niczym tempomat w samochodzie, który bez nacisku nogi na pedał gazu sprawia, że pojazd nadal się porusza do przodu? Kontynuując

to porównanie, można powiedzieć, że wystarczy wcześniej włączyć odpowiedni przycisk. Tym właściwym guzikiem włączającym wytrwałość jest zaprogramowanie samego siebie na urzeczywistnianie marzeń. Myśl o tym, czego pragniesz. Najlepiej wyrób nawyk wyobrażania sobie celu dwa razy w ciągu dnia: rano i wieczorem. Dzięki temu wzmocnisz nie tylko wytrwałość, lecz także entuzjazm i chęć do dalszych działań. Odganiaj wszelkie myśli negatywne. Jeśli będziesz zastanawiał się nad tym, co Ci się nie udaje i czego nie chcesz, uzyskasz taki efekt, jakbyś nagle, jadąc do przodu, chciał włączyć wsteczny bieg. Możesz sobie wyobrazić skutki, prawda?

Prelegent
Jakich sformułowań unikać? Na przykład: „Nie dam rady tego zrobić", „Nie jestem jeszcze gotowy", „Nie stać mnie na to", „To nie dla takich jak ja". Podświadomość podchwyci te słowa. Staną się dla niej rozkazami. Czy chciałbyś, żeby przytoczone przed chwilą zdania stały się Twoimi przewodnikami? Chyba nie! Strzeż się więc ich i zrób wszystko, by nie miały okazji osłabiania Twojej wytrwałości.

Kiedy poddasz się swojej wizji, sukces zaczyna Cię gonić. JOHN CUMMUTA

Już starożytni Chińczycy doceniali wagę obrazów. Skorzystaj z ich doświadczenia i wyobraź sobie siebie wytrwale pracującego. Stwórz z tego wyobrażenia ilustrację pełną szczegółów. Jeśli na przykład chcesz zostać pisarzem, wyobraź sobie, że siedzisz przy biurku. Obok leżą materiały, które Ci pomagają niemal same: w książkach z łatwością odszukujesz potrzebne fragmenty, w Internecie właściwe strony otwierają się prawie natychmiast. Możesz sobie wyobrazić moment, w którym nadejdzie najlepszy pomysł, a praca zacznie iść sprawnie. Taki obraz wzmocni w Tobie wytrwałość. Przekonanie o efektywności działań bardzo dobrze wpływa na tę cechę.

Dodatkowo spróbuj sformułować kilka przekonujących afirmacji. Pamiętaj, by miały postać zdań pozytywnych i jednoznacznych. Na przykład: „Jestem wyjątkowo wytrwały!", „Pracuję efektywnie!", „Mam duże pokłady cierpliwości!", „Potrafię to zrobić". Doskonała jest także znana z poprzednich wykładów myśl Mary Kay Ash: „Dam sobie radę". Zdania te mają moc sprawczą.

Używający ich ludzie utwierdzają się w przekonaniu, że sprostają wyzwaniu, i tym karmią swoją wytrwałość, która z każdym krokiem staje się ich większym sprzymierzeńcem. Pamiętaj o zasadach skutecznego afirmowania. Afirmacje należy wypowiadać w stanie relaksu, przynajmniej kilkadziesiąt razy dziennie. Warto zapisać je sobie na kartce i wielokrotnie odczytywać (jeśli są do tego warunki – głośno). Potwierdzenie skuteczności tej metody znajdziesz w tekstach wielu specjalistów rozwoju osobowości.

W końcu, bracia, wszystko, co jest prawdziwe, co godne, co sprawiedliwe, co czyste, co miłe, co zasługuje na uznanie: jeśli jest jakąś cnotą i czynem chwalebnym – to miejcie na myśli.
LIST DO FILIPIAN (4:8)

Narrator

„Po prostu miał szczęście..." – taki komentarz na temat osoby, która zrealizowała swoje marzenia, zapewne słyszałeś nie raz. Czy rzeczywiście szczęście? Czy dojście do celu i spełnienie marzeń to szczęśliwy traf i splot niezwykle pomyślnych okoliczności? Raczej rzadko. Niesprawiedliwe jest mówienie w ten sposób o ludziach, którzy coś osiągnęli nie przez przypadek, a dzięki wytrwałości i determinacji. Obie te cechy budzą siłę woli i pozwalają na niemal doskonałą koncentrację. Skupienie się na celu przynosi efekty. Widać to w biografiach ludzi słynnych ze swoich dokonań. Niektóre przykłady już poznałeś, kilka innych poznasz za chwilę. Warto je zapamiętać i wracać do nich myślą, ilekroć w Twoim umyśle pojawi się zwątpienie w słuszność dalszego działania, a głos wewnętrzny zacznie za opinią środowiska powtarzać: „Nie warto".

Prelegent

Niezwykła wytrwałość charakteryzowała irlandzkiego pisarza Christophera Nolana, dotkniętego porażeniem mózgowym. Nie mógł się samodzielnie poruszać, nie mógł mówić, nie mógł pisać. Jego matka jednak była przekonana, że Christopher doskonale rozumie, co się wokół niego dzieje. Potwierdziły to badania inteligencji, które wykazały, że umysł chłopca jest niezwykle sprawny i może przyjmować nową wiedzę. Barierą była niemożność porozumiewania się. Nie mógł do tego użyć ani sparaliżowanych rąk, ani niesprawnych nóg, ani nieposłusznych mu ust. Mama, ojciec i nauczyciele opowiadali mu więc o świecie, czytali książki (nawet Jamesa Joyce'a), recytowali wiersze. Pewnego dnia pojawiła się nadzieja. Christopherowi podano lekarstwo, które umożliwiło mu kontrolę nad jednym z mięśni szyi. Miał wtedy 11 lat. Specjalnie skonstruowane urządzenie – przypominające róg – pozwoliło mu pisać na maszynie. Nauczenie się tej sztuki wymagało jednak od Christophera nadzwyczajnej wytrwałości. Początkowo wystukiwanie liter trwało tak długo, że dzień nie wystarczał na zapisanie zdania. Później zajmowało mu to coraz mniej czasu, jednak i tak na wystukanie jednego słowa musiał przeznaczać średnio 15 minut.

Tak samo jak pojedynczy krok nie tworzy ścieżki na ziemi, tak pojedyncza myśl nie stworzy ścieżki w Twoim umyśle. Prawdziwa ścieżka powstaje, gdy chodzimy po niej wielokrotnie. Aby stworzyć głęboką ścieżkę mentalną, potrzebne jest wielokrotne powtarzanie myśli, które mają zdominować nasze życie.
NAPOLEON BONAPARTE

Okazało się, że tworzy znakomite teksty. Do tego jego pamięć przez lata notowała wszystko, czego dowiadywał się od rodziców i nauczycieli. Zapamiętywał także własne przemyślenia i utwory poetyckie, które układał w głowie od dziecka. Teraz to wszystko cierpliwie i wytrwale przelewał na papier. Pierwszy zbiór poezji opublikował w wieku 15 lat. Jego wiersze zachwyciły czytających. Potem napisał autobiografię, która wprowadzała czytelnika w świat człowieka niemogącego porozumiewać się z otoczeniem – to był ewenement na skalę światową. Książka niezwykle poruszająca, napisana z wyjątkową świeżością i talentem, została doceniona przez krytyków, podobnie jak cała twórczość Nolana. Pisarz żył tylko 43 lata, ale mimo tak znacznych ograniczeń było to życie satysfakcjonujące i spełnione. Dotąd jest inspiracją dla wielu ludzi. Christopher Nolan wyrażał prostą prawdę: prawdziwą wartością jest życie, bez względu na sytuację, w jakiej człowiek się znajdzie. Udowadniał, że warto być wytrwałym, by osiągać cele i wykorzystywać talenty, którymi jesteśmy obdarzeni.

Wytrwałością wykazała się także Monika Kuszyńska, jedna z polskich wokalistek.

Gdy wszystko układało się jak najlepiej, a kariera stała przed nią otworem, wszelkie plany zniweczył wypadek samochodowy, z którego wyszła częściowo sparaliżowana. Rehabilitacja nie przywróciła jej władzy w nogach. Mimo to Monika pozostała uśmiechniętą, pozytywnie nastawioną do życia kobietą. Wróciła na scenę, widać ją w muzycznych programach telewizyjnych. Wymagało to ogromnej pracy nad sobą, wytrwałego dochodzenia do formy. W wywiadzie dla radiowej „Jedynki" powiedziała: „...w pewnym momencie trzeba pójść do przodu i przeżyć życie sensownie".

> Twoje życie staje się lepsze, tylko kiedy Ty stajesz się lepszy. BRIAN TRACY

Powszechnie znana z wytrwałości była polska uczona Maria Skłodowska-Curie. Za swoje dokonania dwukrotnie otrzymała Nagrodę Nobla w dziedzinie fizyki i chemii. Już jako kilkunastoletnia dziewczyna zafascynowała się nauką i poczuła pragnienie prowadzenia własnych badań. Jej droga do sukcesów naukowych nie była łatwa. Wraz z mężem, fizykiem Piotrem Curie, pracowała w starej opuszczonej szopie, usiłując wydzielić rad z rudy uranu. Bez funduszy, pomocy z zewnątrz, wsparcia czy zachęty ze strony środowiska naukowego. W pewnym momencie zwątpił nawet Piotr Curie. Po jednej z kolejnych porażek, chciał się poddać. Maria powiedziała wówczas: *Jeśli to zajmie 100 lat, to trudno, ale nie przestanę pracować tak długo, jak żyję.* Zanim osiągnęli sukces minęły cztery lata, podczas których przeprowadzili ponad 500 prób.

Narrator
Wytrwałością wykazali się też wspominani we wcześniejszych wykładach: Jasiek Mela, Marek Kamiński, Natalia Partyka czy odkrywca Troi Heinrich Schliemann. Być może także w Twoim otoczeniu żyje ktoś, kto mógłby Cię zainspirować wytrwałością. Może to sąsiad, który realizuje od lat swoją pasję? Może człowiek, którego zobaczyłeś w jednym z programów telewizyjnych, bohater filmu czy słuchowiska? Przykładów jest bardzo wiele. Dowodzą one, że warto być wytrwałym. Gdy już osiągniemy upragniony cel, poczujemy tak dużą

satysfakcję, że zapomnimy o trudach drogi, którą przeszliśmy, i z większą odwagą podejmiemy nowe wyzwania.

Prelegent
Jeśli już sprecyzowałeś cele, przygotowałeś plan działania, nastawiłeś odpowiednio podświadomość i znalazłeś swój ideał wytrwałości, spróbuj zastosować jeszcze kilka sposobów, które będą wzmacniać tę cechę. Są łatwe do wykorzystania i mogą okazać się skuteczne. Niektóre z nich już poznałeś, na przykład wizualizację celu. Wyobrażaj sobie siebie jako zwycięzcę, człowieka, który osiągnął to, co chciał. Jest szczęśliwy i spełniony. Chcesz zostać aktorem? Wyobrażaj sobie siebie w tej roli. Każdy szczegół zwizualizowany odżywia i odnawia Twoją wytrwałość. Zwiększa chęć osiągnięcia celu i przybliża Cię do niego.

Dobrym sposobem jest wyznaczanie celów pośrednich (o czym już też była mowa) i nagradzanie się za ich osiągnięcie. Cele te powinny być konkretne, a nagroda warta wysiłku. Czym możemy się nagradzać? Czymś, co sprawi nam rzeczywistą przyjemność. Nagrodą może być oderwanie się od pracy i rozmowa z kimś, kto właśnie też ma chwilę czasu, przerwa na kawę, a jeśli pracujesz w domu – spacer lub zajęcie się czymś, co w tej chwili wydaje Ci się miłe: obejrzenie filmu, przeczytanie odłożonego artykułu lub posłuchanie muzyki. Nie zapomnij przy okazji wyrazić (głośno lub choćby szeptem w łazience) pochwały skierowanej do siebie. Potraktuj to zadanie jak grę, w której przeszedłeś na kolejny poziom.

Niestety, radość z pokonanego etapu nie zawsze przekłada się na entuzjazm i chęć przystąpienia do dalszej pracy. Bywa to trudne. Jak sobie z tym poradzić? Jednym z wypróbowanych sposobów jest odsunięcie nagrody, którą sami sobie wyznaczyliśmy za dojście do określonego punktu. Warto, jeszcze przed przerwą rozpocząć kolejny etap. Jeśli piszesz książkę, to po skończeniu rozdziału wymyśl choćby zdanie następnego. Jeśli masz zrobić stół i krzesło, po złożeniu stołu przygotuj sobie materiały do pracy nad krzesłem. Jeśli masz uporządkować ogród, po wyrwaniu chwastów zacznij grabić. Nagródź się za poprzedni etap dopiero wówczas, gdy rozpoczniesz kolejną czynność.

Staraj się także nie rozwlekać zadania ponad miarę, bo zbyt wolna praca jest czynnikiem zniechęcającym i negatywnie wpływa na wytrwałość. Pracuj wydajnie. Skup się na celu i nie szukaj innych zadań. Pamiętaj, że żadne zadanie nie jest ważniejsze od tego, które danego dnia zapisałeś na pierwszym miejscu. Dopiero gdy wykreślisz je jako zrobione, możesz się zająć kolejnymi. Nie wcześniej. Nie zwlekaj z jego wykonaniem i nie przekładaj go na inne pory dnia. Może przecież wydarzyć się coś, co Cię od niego oderwie.

Determinacja jest wyzwaniem budzącym ludzką wolę. ANTHONY ROBBINS

Nie dopuszczaj do nadmiernego zmęczenia. Wypoczęte ciało i umysł wpływają na wzmocnienie wytrwałości podobnie jak wydajna praca. Prawie nigdy zadania nie rozkładają się w czasie równomiernie. Raz pracy jest tak dużo, że przeciąga się do późnych godzin nocnych, innym razem znowu jest jej niewiele. Jeśli pracujesz w swoim zawodzie już jakiś czas, potrafisz przewidzieć okresy wzmożonego wysiłku. Co wtedy robić, by uniknąć zbyt dużego zmęczenia? Przede wszystkim zaplanuj od razu czas na odpoczynek. Nie pozwól sobie na długie zabieranie się do pracy. Przygotuj wcześniej wszystko, co może być Ci potrzebne. Wypisz, co kolejno musisz zrobić i wykreślaj czynności ukończone. Nie daj sobie zawracać głowy drobiazgami i odrywać się od pracy. Jeśli pełnisz funkcję kierowniczą i przewidujesz, że współpracownicy mogą mieć do Ciebie różne sprawy – deleguj na czas zwiększonych obowiązków swoje uprawnienia na kogoś innego. Jeśli to możliwe, wyłącz wszystko to, co może Cię rozpraszać: radio, telefon i pocztę internetową. Zaplanuj krótkie, 10-minutowe przerwy co dwie godziny i jedną długą na spokojne zjedzenie obiadu lub lanczu. To propozycja, która wzmocni Twoją wytrwałość. Możesz ją zastosować w całości lub wybrać elementy najbardziej odpowiadające położeniu, w jakim się znajdujesz.

Znajdujesz to, czego szukasz, umyka Ci to, co zaniedbujesz. JAKUB ALBERION

Niekiedy sami doprowadzamy do kumulacji zadań. Stosujemy się do znanego powiedzenia: „Co masz zrobić dziś, zrób pojutrze, a będziesz miał dwa dni wolnego". Nie dopuszczaj do takiej sytuacji. Porównaj jakość czasu wolnego po skończonej pracy z czasem wolnym, który uzyskasz, odwlekając wykonanie zadania. Prawda, że jest różnica? Wydłużenie oczekiwania na rozpoczęcie pracy nie zapewni prawdziwego wypoczynku. Przeszkodzi w tym skutecznie powracająca myśl: „Mam jeszcze tyle pracy". Odezwą się też zapewne wyrzuty sumienia, skutecznie zatruwając niby-wolny czas. Wcześniej mówiliśmy o nawykach. Odwlekanie to też nawyk. Jeśli przyzwyczaimy się do tego, czas będzie przelatywał nam między palcami, osiąganie celów wydłuży się w nieskończoność, a wytrwałość gdzieś ucieknie. Gdy jakaś praca czeka Cię nieuchronnie, lepiej zrób ją od razu.

Aby wytrwałość się rozwijała, warto też wykształcić w sobie odporność na przeciwności. Należy być na nie przygotowanym, przewidywać rafy, ale pamiętać również o tym, że mogą pojawić się tak zwane nieprzewidziane trudności. Przypomnij sobie, jak łatwo przychodzi zniechęcenie: przygotowujesz plan, zabierasz się za coś, idzie Ci świetnie, a tu nagle... ściana, mur, przeszkoda. Pierwsza myśl, jaka się pojawia, brzmi zazwyczaj: „Jak to, taki dobry plan i nie działa?". Zaraz za tym kolejna: „Nic z tego nie będzie, nie da się!". I chęć do działania znika, a wraz z nią wytrwałość. Aby temu zapobiec, spróbuj wziąć pod uwagę to, że w każdym momencie może coś pójść nie tak, jak sobie wyobrażałeś. Nie skupiaj się jednak na przykrych odczuciach. Przeciwności i kłopoty nie omijają nikogo. Można je jednak wykorzystać, by wzmocnić wytrwałość. Do tego też potrzebny jest nawyk. W momencie gdy stykasz się z trudnościami, w Twoim umyśle powinno pojawić się pytanie: „Jak rozwiązać problem?". Warto to zautomatyzować, na przykład przez użycie odpowiedniej afirmacji. Choćby: „Skutecznie rozwiązuję problemy", „Dam radę", „Jestem w stanie to zrobić", „Jestem wytrwały", „Chcę to zrobić", „Mam do tego prawo".

Najpewniejszym sposobem na uniknięcie porażki jest determinacja, by osiągnąć sukces.
RICHARD B. SHERIDAN

Dobrze też pamiętać, że wytrwałość ma cechy wspierające. Są nimi wspominana już wiara w siebie i wnikliwość, którym poświęcone były poprzednie wykłady tej części kolekcji, oraz odwaga, entuzjazm i realizm, które poznamy bliżej w kolejnych. Teraz wspomnimy tylko o odwadze, niezbędnej, by stawiać czoła przeciwnościom. Cecha ta była uważana za jedną z najważniejszych cnót w starożytnej Grecji. Pisali o niej na przykład Platon i Arystoteles. Realizacja marzeń nierzadko wymaga zapuszczania się w nowe, nieznane rejony. Dotykania niesprawdzonego. A do tego potrzeba niezwykle dużo odwagi, zwłaszcza że w krytycznych momentach często walczy się samemu. Do grona ludzi nie tylko wytrwałych, ale i odważnych, możemy zaliczyć angielskiego odkrywcę Davida Livingstona żyjącego w XIX wieku. Pochodził z ubogiej rodziny robotniczej. Już jako dziesięciolatek musiał przez wiele godzin dziennie pracować, a mimo to każdego dnia siadał do nauki. Oszczędności, jakie poczynił, oraz wytrwałe zdobywanie wiedzy pozwoliły mu uzyskać dyplom lekarza. Został misjonarzem i wyjechał na południe Afryki wiedziony chęcią szerzenia chrześcijaństwa oraz pomocy ludziom. Był wielkim przeciwnikiem niewolnictwa. Dokonał pierwszego znanego przejścia Afryki i spowodował, że Stary Świat inaczej spojrzał na ten kontynent. To wszystko dzięki wypracowanej odwadze i wytrwałości, które pozwoliły mu skutecznie realizować kolejne cele. Przykład Davida Livingstona pokazuje, że cechy kluczowe warto rozwijać jednocześnie, bo oddziałują na siebie wzajemnie, a dzięki temu zwiększają swoją moc.

Narrator
Do pracy nad wytrwałością potrzebne są poligon i ćwiczenia. Początki będą trudne, bo praca nad wzmocnieniem wytrwałości wymaga... wytrwałości, której przecież jeszcze nie ma. Co robić? Najpierw obierz cel wynikający z Twoich marzeń i obiecaj sobie konsekwentne podążanie w jego kierunku. Możesz tę obietnicę zapisać na kartce i od czasu do czasu przypominać ją sobie. Podziel drogę do celu na krótkie etapy. Następnie przeprowadź wizualizację osiągnięcia celu: wyobraź sobie szczegóły tego momentu oraz towarzyszące mu odczucia. Wyobraź sobie radość, szczęście i ogromną satysfakcję. Następnie uświadom

sobie trudności, które mogą się pojawić podczas realizacji celu i zniechęcać do działania. Weź pod uwagę, że im bardziej ambitny cel, tym prawdopodobnie będzie ich więcej. Nie zatrzymuj się jednak na związanych z nimi ewentualnych nieprzyjemnościach. Szukaj rozwiązań i cały czas przypatruj się celowi. Kopanie grządek czy pielenie też dla większości właścicieli ogrodów nie jest przyjemne. W dodatku, jeśli robią to po raz pierwszy, na ich rękach mogą pojawić się pęcherze. O ile jednak nie porzucą tego zajęcia, widok zadbanych grządek i rabatek wynagrodzi wysiłek, a dłonie pokryją się nowym mocniejszym naskórkiem, ułatwiającym dalszą pracę.

Pokonuj więc pierwsze trudności z uporem i determinacją. Jak najczęściej powtarzaj sobie, że to konieczne, by kontynuować drogę do szczęśliwego i satysfakcjonującego życia. Wytrwałość jest cechą ludzi zdyscyplinowanych. Osoby zdyscyplinowane rozumieją działanie zasady przyczyny i skutku oraz ją stosują. Wierzą w sens podejmowania pozytywnej aktywności, myślenia w kategorii rozwiązań, a nie problemów. Zdyscyplinowanie da Ci wewnętrzną motywację, która podsyci wytrwałość.

Wytrwałość jest wzmacniana przez każde kolejne wyzwanie. Szczególnie takie, które oznacza poważne zmiany. Wyzwanie pojawiające się wraz z pytaniem, co dalej zrobić ze swoim życiem? Nie pozwól, by w tym momencie zawładnął Tobą lęk. Nie obawiaj się powtarzania prób. Johann Wolfgang von Goethe powiedział, że: „Potykając się można zajść daleko, nie wolno tylko upaść i nie podnieść się". Jeśli pierwsza próba się nie powiedzie, pomyśl, że to jedynie sytuacja przejściowa, jedynie nieudana próba. Masz przed sobą jeszcze tyle następnych, ile tylko będziesz chciał. Każda zbliża do celu, bo wzbogaca Twoje doświadczenie. Ćwiczenie wytrwałości to podejmowanie prób aż do zwycięstwa.

O sile wytrwałości stanowi głównie stosunek do porażek wyrażony gotowością do podejmowania kolejnych prób, ale warto przyjrzeć się także swoim reakcjom na zwycięstwa. W ludzkiej naturze bowiem leży zarówno szybkie załamywanie się niepowodzeniami, jak i nabieranie nadmiernej pewności siebie po zbyt łatwym osiągnięciu zaledwie kilku celów. Niekiedy ta pewność przeradza się w arogancję i pychę. To nie sprzyja wytrwałości. Jeśli raz czy dwa coś pójdzie dobrze, można ulec złudzeniu, że już nigdy nie trzeba będzie o nic walczyć i zabiegać. Wielu ludzi boleśnie doświadczyło, że to nieprawda i że nic nie jest dane raz na zawsze. Siła wytrwałości to siła pokory, która pozwala nie tylko dotrzeć do celu, ale wykorzystać go z pożytkiem dla siebie i innych.

Systematycznie wzmacniana wytrwałość ma tendencję do zakorzeniania się w naszym umyśle i nie stanowi obciążenia dla psychiki. Ci, którzy opanują sztukę podnoszenia się po nieudanych próbach, by dalej zmierzać w wyznaczonym kierunku, osiągną w końcu swoje cele. A wytrwałość, którą nabędą, skieruje ich ku dalszym planom i kolejnym sukcesom.

Część utrwalająca

Porady
1. Bądź marzycielem. Pragnij czegoś tak mocno, by wytrwałość zrodziła się w Tobie samoistnie.
2. Wybieraj ambitne, motywujące Cię cele.
3. Gromadź wiedzę i zdobądź umiejętności potrzebne do rozwiązywania problemów pojawiających się na drodze do celu.
4. Podziel drogę do celu na etapy, zakończone mniejszymi celami. Nagradzaj siebie za ich osiągnięcie.
5. Unikaj bodźców negatywnych: szkodliwych treści i ludzi osłabiających Twoją motywację.
6. Szukaj wsparcia w biografiach ludzi wytrwałych, zarówno postaci historycznych, jak i osób z Twojego bliskiego otoczenia.
7. Rozwijaj nawyki wzmacniające wytrwałość.
8. Używaj podświadomości. Stosuj afirmacje wzmacniające wytrwałość: „Skutecznie rozwiązuję problemy", „Dam radę", „ Jestem w stanie to zrobić", „Jestem wytrwały", „Chcę to zrobić", „Mam do tego prawo".
9. Kontroluj swoje myśli. Myśl pozytywnie.

Quiz

Znalezienie odpowiedzi na pytania dotyczące wykładu pomoże Ci zapamiętać i utrwalić zawarte w nim treści. Postaraj się odpowiadać samodzielnie, jeśli jednak okaże się, że na któreś z pytań nie znasz odpowiedzi, zajrzyj do tekstu wykładu lub przesłuchaj go jeszcze raz. Odszukasz tam potrzebne informacje. W pytaniach otwartych posłuż się swoją wiedzą i doświadczeniem. Klucz z odpowiedziami znajdziesz na s. 111.

1. **Które sformułowanie jest zgodne z myślą Johna Calvina Coolidge'a?**
   a) talent ma większą moc od wytrwałości
   b) wykształcenie ma większą moc od wytrwałości
   c) geniusz jest ważniejszy od wytrwałości
   d) tylko wytrwałość i determinacja są wszechmocne

2. **Osoba pokorna wobec życia**
   a) widzi przyczyny swoich porażek głównie na zewnątrz
   b) nie ma świadomości popełniania błędów
   c) potrafi dostrzec przyczyny błędów w swoim działaniu
   d) stara się zmienić głównie otoczenie, a nie swoje postępowanie

3. **Co oznacza greckie słowo *hypomone*?**
   a) każdą zaletę człowieka, którą potrafi on wzmocnić
   b) stan umysłu, który pozwala radzić sobie z kłopotami i nie poddawać się rezygnacji
   c) powody pozwalające odczuwać radość życia
   d) pozytywne myślenie o przyszłości

4. **Czy pamiętasz, w jaki sposób objaśniliśmy znaczenie słowa wytrwałość? Uzupełnij luki w definicji tego pojęcia.**

   Wytrwałość to . . . . do . . . .

   z . . . . i . . . . , cierpliwe znoszenie......................

i............................sobie

z nimi oraz............................

uczuciu rezygnacji nawet w najbardziej niesprzyjających warunkach zewnętrznych.

5. Nie każde wyobrażenie może być podstawą wizji przyszłego życia. Czym się różni marzenie od fantazjowania?
   a) jest całkowicie pozbawione elementów realizmu
   b) ma przynajmniej jeden element realizmu
   c) nie można z niego wyprowadzić celu
   d) nie wymaga podjęcia żadnych działań

6. **Kiedy najczęściej tracimy umiejętność wykorzystywania w życiu wyobraźni do formułowania marzeń i celów?**
   a) w wieku niemowlęcym
   b) w wyniku dojrzewania
   c) w procesie wychowania
   d) po uzyskaniu samodzielności

7. **Wyobraźnię można wykorzystać do tworzenia wizji przyszłości. Jakie ta wizja ma znaczenie?**
   a) prowadzi głównie do rozczarowań
   b) jest powodem wygórowanych oczekiwań
   c) nie ma żadnego znaczenia
   d) umacnia chęć realizacji marzeń oraz wytrwałość

8. Co może osłabić wytrwałość? Wymień cztery spośród przeszkód natury zewnętrznej.

....

....

....

....

9. Wytrwałość osłabiają także przeszkody natury wewnętrznej (czyli wypływające z umysłu człowieka). Wymień pięć spośród nich.

....

....

....

....

10. Największą przeszkodą natury wewnętrznej osłabiającą wytrwałość i inne cechy kluczowe jest pesymizm. Wymień cztery sposoby przezwyciężania go.

....

....

....

....

11. Wytrwałość można w sobie kształtować. Wymień cztery sposoby wzmacniania tej cechy.

....

....

....

....

12. Za wzór wytrwałość może służyć Christopher Nolan. Czy wiesz, kim był?
a) niepełnosprawnym sportowcem
b) pisarzem chorym na porażenie mózgowe
c) politykiem dbającym o prawa człowieka
d) autorem wielu odkryć w dziedzinie medycyny

13. Pracując nad wytrwałością, warto na kimś się wzorować. Zapisz cztery nazwiska osób, które zostały wymienione w wykładzie jako wzorce wytrwałości.

. . . .

. . . .

. . . .

. . . .

Ćwiczenie 1

Wytrwałość budzi w nas różne skojarzenia. Niektóre z nich są pozytywne, niektóre negatywne, a inne – obojętne. W zaznaczonym polu wypisz (bez dłuższego zastanawiania się) wszystkie skojarzenia z wyrazem wytrwałość, które przyjdą Ci na myśl. Następnie policz, ile spośród nich zaliczysz do pozytywnych, ile do negatywnych, a ile do obojętnych. Zapisz wyniki w odpowiednie miejsca pod polem. Wysnuj z nich wniosek, jaki obraz tej cechy masz w swoim umyśle.

Skojarzenia:

pozytywne . . . .

. . . .

negatywne . . . .

. . . .

obojętne . . . .

. . . .

Ćwiczenie 2

W lewej kolumnie wpisz dążenia, w których ujawniła się bądź ujawnia Twoja wytrwałość, w prawej – te, w których wytrwałości Ci zabrakło. W kolumnie „Brak wytrwałości" zaznacz te zamierzenia, do których chciałbyś wrócić, bo uważasz, że przyniosą Ci satysfakcję.

Wytrwałość	Brak wytrwałości
. . . .	. . . .
. . . .	. . . .
. . . .	. . . .
. . . .	. . . .
. . . .	. . . .
. . . .	. . . .
. . . .	. . . .
. . . .	. . . .

Ćwiczenie 3

Wybierz spośród zamierzeń wpisanych w poprzednim ćwiczeniu do kolumny „Brak wytrwałości" to, które uznajesz za najważniejsze. Umieść je w pierwszej linii. Następnie wypisz korzyści, jakie będziesz miał ze zrealizowania tego pomysłu, a poniżej przeszkody, jakie przewidujesz na drodze do celu. Staraj się sformułować je jak najbardziej precyzyjnie. Jaki wniosek wypływa z przeanalizowania tych danych? Zaznacz odpowiedni kwadracik.

Zamierzenie

....

....

....

Korzyści

....

....

Przeszkody

....

....

Wniosek:

☐ Warto wrócić do realizacji tego zamierzenia i pokonać przeszkody. Osiągnięcie celu przyniesie mi satysfakcję i wiele korzyści.

☐ Nie warto wracać do realizacji tego zamierzenia. Osiągnięcie tego celu nie przyniesie mi oczekiwanej satysfakcji ani korzyści, dla których warto byłoby podjąć wysiłek.

Ćwiczenie 4

W każdym środowisku znajdują się osoby wytrwałe. Warto je dostrzec i docenić tę ich cechę. Często są to ludzie skromni i nielubiący poklasku. Zastanów się, kogo w Twojej rodzinie, wśród znajomych, przyjaciół lub współpracowników mógłbyś nazwać człowiekiem wytrwałym. Wypisz imiona czterech takich osób oraz pozytywne cechy (poza wytrwałością), którymi się charakteryzują.

....

....

....

....

....

Ćwiczenie 5

Spróbuj określić, które spośród czynników wzmacniających wytrwałość uważasz za najistotniejsze, które zaś bagatelizujesz. Przyjrzyj się poniższej liście. Następnie ponumeruj wymienione elementy, zgodnie z własnym zdaniem, zaczynając od tych, które są dla Ciebie najważniejsze. Podkreśl czynniki, których mógłbyś użyć przy realizacji kolejnych celów, a dotąd ich nie doceniałeś.

☐ merytoryczne przygotowanie się do wykonania zadania

☐ nieprzyjmowanie postawy ofiary

☐ nieszukanie winnych w otoczeniu

☐ wyznaczenie konkretnego celu

☐ wyznaczenie celów pośrednich

☐ określenie narzędzi realizacji celu

☐ wyznaczenie terminów

- [ ] wizualizacja i afirmowanie

- [ ] nagradzanie się za osiągnięcie celów pośrednich

- [ ] nierozwlekanie wykonania zadania ponad niezbędny czas

- [ ] unikanie nadmiernego zmęczenia

- [ ] uodpornienie się na przeciwności

- [ ] rozwijanie cech wspierających wytrwałość: wiary w siebie, wnikliwości, odwagi, entuzjazmu i realizmu

Ćwiczenie 6

Podobnie jak inne cechy, wytrwałość można wzmocnić poprzez afirmowanie (wielokrotne powtarzanie odpowiednio sformułowanych zdań pozytywnych). Sformułuj pięć afirmacji, które pomogą Ci być wytrwałym w postanowieniach i konsekwentnie dążyć do realizacji obranych celów. Pamiętaj, żeby zdania formułować w czasie teraźniejszym i nie używać przeczeń.

Przykład: Jestem wytrwały i osiągam swoje cele.

Przemyślenia

Poniżej są zamieszczone fragmenty wykładu, które mogą stanowić materiał do osobistych przemyśleń. Pod każdym znajdziesz krótkie zaproszenie do dyskusji i miejsce na komentarz. Unikaj ogólników. Staraj się, by Twoja wypowiedź była jak najbardziej konkretna i konstruktywna.

Inspiracja 1

„Wytrwałość jest tym dla ludzi, czym drożdże dla chleba i ciasta", jak powiedział Leroy Milburn „Roy". W pojęciu „wytrwałość" mieści się determinacja, konsekwencja i upór w dążeniu do celu. Niełatwo sprawić, by wszystkie te cechy stały się trwałymi elementami naszej osobowości. Wymaga to bowiem poświęceń i głębokiego przekonania o słuszności obranej drogi. Czy warto podjąć ten wysiłek? Niezliczone przykłady ludzi wytrwałych – twórców wiekopomnych dzieł, odkrywców i wynalazców – dowodzą, że tak.

Jak Ty to widzisz? Czy słowa „Roya" to tylko piękna teoria, niemożliwa do zastosowania w praktyce? Czy wytrwałość jest cechą ludzi wyjątkowych, czy może ich wyjątkowość polega właśnie na tym, że są wytrwali? Co mógłbyś osiągnąć w życiu do tej pory, gdyby w realizacji marzeń towarzyszyła Ci wytrwałość? Czy możesz to sobie wyobrazić?

....

....

....

....

....

....

....

....

....

....

Inspiracja 2
Zwróć uwagę, że często osoby, którym rzekomo brakuje wytrwałości (tak są postrzegane w środowisku), potrafią całe godziny spędzać na ulubionych zajęciach – odrestaurowują stare pojazdy, gotują pracochłonne potrawy, zajmują się pomaganiem schroniskowym psom. Robią to latami, z ogromną wytrwałością. Taką właśnie, jakiej brakuje im w życiu codziennym. Dlaczego? Bo wytrwałość jest owocem tego, czym się zajmujesz. Przychodzi naturalnie, gdy robisz to, co lubisz.

Nieraz nam dorosłym daje się we znaki naturalna wytrwałość dzieci. Jeśli im na czymś zależy, z uporem i konsekwencją powtarzają w kółko próby wykonania jakiejś czynności, wierząc, że za którymś razem przyniosą one oczekiwane efekty. Czy kiedykolwiek zauważyłeś takie zachowanie u siebie? Czy istnieją czynności, które wykonujesz z przyjemnością, podczas gdy inne są dla Ciebie tylko męczącym obowiązkiem? Czy nie należałoby zrobić przeglądu tych ostatnich? Czy nie warto postarać się o zmianę? Co musiałbyś zrobić, żeby jej dokonać?

Inspiracja 3

Marzyciele nie zawsze spotykają się z aprobatą i zrozumieniem. Gdy snują wizje wykraczające poza stereotypy i utarte ścieżki przyzwyczajeń, budzą śmiech lub politowanie. Traktuje się ich jak nieodpowiedzialnych i nierozsądnych. Mówi się im, że „bujanie w obłokach" jest niepoważne i dziecinne. Daje się do zrozumienia, że nadszedł czas, by „jakoś" przeżyć życie (w domyśle – tak samo jak inni). Takie społeczne nastawienie zabija w wielu ludziach chęć do działania i może stać się przyczyną rezygnacji z nawet bardzo wartościowych celów.

Jak Ty sam traktujesz marzycieli? Czy podziwiasz ich za śmiałe wizje, czy raczej ich niezwykłe pomysły Cię irytują? Czy umiesz na nich popatrzeć, jak na przyszłych odkrywców, wynalazców, ludzi postępowych i kreatywnych? Czy potrafisz wśród takich ludzi zobaczyć siebie? Jeśli nie, to jakie są tego powody? Co Cię powstrzymuje? Jak zlikwidować tę przeszkodę?

Inspiracja 4

Częstą przeszkodą zewnętrzną jest zetknięcie się z niezrozumieniem otoczenia. Tego najbliższego. Rodziny, kolegów ze szkoły lub pracy, znajomych. Znane powiedzenie mówi: „Z kim przestajesz, takim się stajesz". W dzieciństwie podporządkowujemy się grupie rodzinnej. Powtarzamy za nią swoje zachowania, przejmujemy tradycje. Później podobnie zachowujemy się wobec każdej grupy, z którą chcielibyśmy się identyfikować.

Czy masz świadomość, jak zachowujesz się w stosunku do grup, z którymi się stykasz w swoim życiu? Jeśli grupa lub rodzina nie popiera Twoich dążeń, rezygnujesz z nich, czy starasz się je realizować mimo wszystko? A może odsuwasz się od ludzi, u których nie znajdujesz wsparcia? Co można zrobić, by połączyć myślenie o dobru rodziny czy przyjaciół z chęcią urzeczywistniania swoich osobistych pragnień?

. . . .

. . . .

Inspiracja 5

„Na wewnętrzne przeszkody możemy mieć wpływ, jeśli będziemy tego chcieli". Brzmi obiecująco. Wobec tego... co nas powstrzymuje? Dlaczego nie eliminujemy tych przeszkód jedna po drugiej i tak często skłonni jesteśmy do rezygnowania z realizacji naszych pomysłów? Jedną z przyczyn jest pesymizm, wirus, który nas osłabia i zatruwa chęć działania. Przeszkadza i ogranicza. Wskazuje wyłącznie niebezpieczeństwa i rafy, karmiąc je tak długo, aż stają się ogromne, nie do pokonania. Wyrywa z korzeniami naszą inicjatywę, uśmierca pragnienia, blokuje pomysły.

Jesteś pesymistą czy optymistą? Zastanów się. Jak często używasz sformułowań: „Nie potrafię", „Nie uda mi się", „Nie mogę tego zrobić", „To bez sensu"? Czy nie osłabiają one Twojej wytrwałości? Czy możesz z nich zrezygnować? Czy potrafisz się ich wyrzec, nawet jeśli dotąd dawały Ci złudne poczucie bezpieczeństwa? Może zastąpisz je precyzyjnym planem działania i chęcią pokonywania przeszkód?

Inspiracja 6

O sile wytrwałości stanowi głównie stosunek do porażek wyrażony gotowością do podejmowania kolejnych prób, ale warto przyjrzeć się także swoim reakcjom na zwycięstwa. W ludzkiej naturze bowiem leży zarówno szybkie załamywanie się niepowodzeniami, jak i nabieranie nadmiernej pewności siebie po zbyt łatwym osiągnięciu zaledwie kilku celów. Niekiedy ta pewność przeradza się w arogancję i pychę. To nie sprzyja wytrwałości. Jeśli raz czy dwa coś pójdzie dobrze, można ulec złudzeniu, że już nigdy nie trzeba będzie o nic walczyć i zabiegać.

Czy Ty także dostrzegasz związek wytrwałości z pokorą? Czy zauważyłeś u siebie lub u innych skłonność do zbyt dużego wzrostu pewności siebie po osiągnięciu celu? Czy masz pomysł na to, jak temu zapobiec? Czy dobrą metodą może być równoczesne rozwijanie altruizmu i empatii? A może jeszcze coś innego?

. . . .

. . . .

Rozwiązanie quizu ze s. 80
1. d – tylko wytrwałość i determinacja są wszechmocne
2. c – potrafi dostrzec przyczyny błędów w swoim działaniu
3. b – stan umysłu, który pozwala radzić sobie z kłopotami i nie poddawać się rezygnacji
4. Wytrwałość to dążenie do obranego celu z determinacją i konsekwencją, cierpliwe znoszenie przeciwności i radzenie sobie z nimi oraz niepoddawanie się uczuciu rezygnacji nawet w najbardziej niesprzyjających warunkach zewnętrznych.
5. b – ma przynajmniej jeden element realizmu
6. c – w procesie wychowania
7. d – umacnia chęć realizacji marzeń oraz wytrwałość
8. Na przykład: brak pieniędzy, niezrozumienie otoczenia, niewłaściwi doradcy, niewłaściwe treści (czasopisma, filmy, niektóre strony internetowe, audycje radiowe i telewizyjne), złośliwość przedmiotów martwych.
9. Na przykład: pesymizm, brak wiary w cel, znużenie dążeniem do celu, brak wiary w siebie, brak potrzebnych umiejętności, hamujące

nawyki, samotne działanie, brak efektów mimo długich starań.
10. Na przykład: uświadomienie sobie odczuwania pesymizmu, szukanie pozytywnych stron sytuacji, rozwiewanie wątpliwości, inspirujące lektury, filmy i programy, przypominanie sobie wcześniejszych sukcesów, właściwe wzorce.
11. Na przykład: dobre przygotowanie do wykonania zadania, nieprzyjmowanie postawy ofiary, wyznaczanie celów, praca z podświadomością.
12. b – pisarzem chorym na porażenie mózgowe
13. Na przykład: Christopher Nolan, Monika Kuszyńska, Maria Skłodowska-Curie, Jasiek Mela, Marek Kamiński, Natalia Partyka, Heinrich Schliemann, David Livingstone.

Notatki

Notatki

Notatki

Słowniczek

afirmacja
Zdanie, które wielokrotnie powtarzane wpływa na osobowość człowieka. Warunek: zdanie powinno być sformułowane w formie twierdzącej i w czasie teraźniejszym.

arogancja
Zuchwała pewność siebie wynikająca z przekonania o własnej wyższości.

cechy wspierające wytrwałość
Do cech wspierających wytrwałość należą przede wszystkim inne cechy kluczowe: wiara w siebie, wnikliwość, odwaga, entuzjazm i realizm.

determinacja
Dążenie do celu bez względu na piętrzące się trudności. Przekształca pracę w pasję.

dialog wewnętrzny
Rozmowa z samym sobą, kluczowe narzędzie pracy nad samorozwojem. Ułatwia zarządzanie własnymi emocjami i zachowaniami.

entuzjazm
Stan emocjonalnego zaangażowania, synonim zapału, gorliwości, żarliwości, wiąże się z nim także determinacja, motywacja do działania, świadomość życiowego celu oraz pasja.

hypomone
Stan umysłu, który pozwala radzić sobie z kłopotami i znosić je, nie poddając się uczuciu rezygnacji. Słowo to w okresie powstawania Ewangelii, czyli w I wieku n.e., było szczególnie często używane w szkołach gladiatorów.

konsekwencja
Logiczna ciągłość w działaniu, wytrwałość w dążeniu do wytyczonego celu.

marzenie
Powstający w wyobraźni ciąg obrazów i myśli odzwierciedlających pragnienia, często nawet najbardziej niedosiężne, ale mające zawsze choćby jeden element realizmu, na bazie którego można wyznaczyć cel.

motywacja
Impuls do podjęcia działania; niewzmacniana wygasa.

nawyk
Zautomatyzowana czynność, wyuczona przez powtarzanie. Nawyki pozwalają na przyspieszenie wielu codziennych czynności. Jednak potrafią także hamować kreatywność.

osobowość
Zbiór cech, które decydują o tym, jak myślimy, jak odczuwamy, jak traktujemy siebie i innych, jak oceniamy wszystko, z czym zetkniemy się w ciągu naszego życia.

pasja
Rodzaj zainteresowania, któremu poświęcamy większość wolnego czasu, zajmujemy się nim z przyjemnością, nawet jeśli nie przynosi wymiernego zysku.

podświadomość
Część psychiki, której istnienia człowiek często nie dostrzega. Jest odpowiedzialna za większość zdarzeń w naszym życiu.

pokora
Świadomość własnej niedoskonałości i umiejętność przyznawania się do błędów. Wspiera cechy kluczowe. Przeciwieństwo pychy.

porażenie mózgowe
Zaburzenia rozwoju psychomotorycznego wynikające z uszkodzenia centralnego układu nerwowego. Przyczyną najczęściej jest niedotlenienie mózgu powstałe na skutek nieprawidłowości ciąży, przedwczesnego porodu czy jego patologicznego przebiegu, jak również zaburzenia rozwojowe, uszkodzenia wewnątrzmaciczne, wady rozwojowe lub ciężka żółtaczka.

postawa ofiary
To jeden ze sposobów unikania odpowiedzialności. Przejawia się na przykład chęcią szukania winnego. O przyjęciu takiej postawy świad-

czy na przykład używanie zdań typu: „To przez nich", „On mnie nie przestrzegł" itp.

potencjał
Tu: znajdujący się w każdym człowieku ładunek mocy i możliwości twórczych. Warto mieć świadomość własnego potencjału.

przeszkody wewnętrzne
Czyli takie, na które możemy mieć wpływ, pod warunkiem że będziemy tego chcieli. Należą do nich: brak wiary w cel, brak wiary w siebie, brak umiejętności, zbyt szybkie tempo początkowe, chwilowy brak efektów lub znużenie celem, hamujące nawyki, samotne działanie.

przeszkody zewnętrzne
Należą do nich: brak pieniędzy, zetknięcie się z niezrozumieniem otoczenia, niewłaściwi doradcy oraz niewłaściwe treści (czasopisma, filmy, niektóre strony internetowe, audycje radiowe, a zwłaszcza telewizyjne).

pseudoautorytet
Osoba, która wygłasza opinie niezgodne z prawdą, wykraczające poza jej kompetencje, ale ze zdecydowaniem i pewnością sugerującą, że są one prawdą, jedyną i słuszną. Poglądy pseudoautorytetów przyjmowane „na wiarę" mają ogromną siłę sprawczą, która często prowadzi na manowce.

pycha
Przesadnie wysokie mniemanie o sobie, nadmierna wiara we własną wartość i możliwości.

stereotyp
Uproszczony i schematyczny sąd na jakiś temat ukształtowany na podstawie niepełnej lub fałszywej wiedzy, jednak funkcjonujący w świadomości społecznej i trudny do zmiany.

wiara w siebie
Mocne przeświadczenie, rodzaj przeczucia, że to, co zamierzamy zrobić lub już realizujemy, przyniesie w bliższej lub dalszej przyszłości oczekiwane efekty, że podjęte działanie ma sens. To przeświadczenie nie jest

bezpodstawne, ale opiera się na poczuciu własnej wartości.

wizualizacja
Dokładne wyobrażenie sobie danej sytuacji z zakończeniem w wersji optymistycznej.

wnikliwość
Umiejętność świadomego docierania do sedna rzeczy i patrzenia daleko poza to, co jest widoczne na pierwszy rzut oka.

wolontariat
Dobrowolne i niezarobkowe wspieranie własną pracą wybranej przez siebie działalności i inicjatywy.

wyobraźnia
Umiejętność stwarzania w myślach rozmaitych obrazów. Tworzone wyobrażenia pomagają przekształcać marzenia w rzeczywistość.

wytrwałość
Dążenie do obranego celu z determinacją i konsekwencją, cierpliwe znoszenie przeciwności

i radzenie sobie z nimi oraz niepoddawanie się uczuciu rezygnacji nawet w najbardziej niesprzyjających warunkach zewnętrznych.

Źródła i inspiracje

Albright M., Carr C., *Największe błędy menedżerów*, Warszawa 1997.

Allen B.D., Allen W.D., *Formuła 2+2. Skuteczny coaching*, Warszawa 2006.

Anderson Ch., *Za darmo: przyszłość najbardziej radykalnej z cen*, Kraków 2011.

Anthony R., *Pełna wiara w siebie*, Warszawa 2005.

Ariely D., *Zalety irracjonalności. Korzyści z postępowania wbrew logice w domu i pracy*, Wrocław 2010.

Bates W.H., *Naturalne leczenie wzroku bez okularów*, Katowice 2011.

Bettger F., *Jak umiejętnie sprzedawać i zwielokrotnić dochody*, Warszawa 1995.

Blanchard K., Johnson S., *Jednominutowy menedżer*, Konstancin-Jeziorna 1995.

Blanchard K., O'Connor M., *Zarządzanie poprzez wartości*, Warszawa 1998.

Bogacka A.W., *Zdrowie na talerzu*, Białystok 2008.

Bollier D., *Mierzyć wyżej. Historie 25 firm, które osiągnęły sukces, łącząc skuteczne zarządzanie z realizacją misji społecznych*, Warszawa 1999.

Bond W.J., *199 sytuacji, w których tracimy czas, i jak ich uniknąć*, Gdańsk 1995.

Bono E. de, *Dziecko w szkole kreatywnego myślenia*, Gliwice 2010.

Bono E. de, *Sześć kapeluszy myślowych*, Gliwice 2007.

Bono E. de, *Sześć ram myślowych*, Gliwice 2009.

Bono E. de, *Wodna logika. Wypłyń na szerokie wody kreatywności*, Gliwice 2011.

Bossidy L., Charan R., *Realizacja. Zasady wprowadzania planów w życie*, Warszawa 2003.

Branden N., *Sześć filarów poczucia własnej wartości*, Łódź 2010.

Branson R., *Zaryzykuj – zrób to! Lekcje życia*, Warszawa-Wesoła 2012.

Brothers J., Eagan E, *Pamięć doskonała w 10 dni*, Warszawa 2000.

Buckingham M., *To jedno, co powinieneś wiedzieć... o świetnym zarządzaniu, wybitnym przywództwie i trwałym sukcesie osobistym*, Warszawa 2006.

Buckingham M., *Wykorzystaj swoje silne strony. Użyj dźwigni swojego talentu*, Warszawa 2010.

Buckingham M., Clifton D.O., *Teraz odkryj swoje silne strony*, Warszawa 2003.

Butler E., Pirie M., *Jak podwyższyć swój iloraz inteligencji?*, Gdańsk 1995.

Buzan T., *Mapy myśli*, Łódź 2008.

Buzan T., *Pamięć na zawołanie*, Łódź 1999.

Buzan T., *Podręcznik szybkiego czytania*, Łódź 2003.

Buzan T., *Potęga umysłu. Jak zyskać sprawność fizyczną i umysłową: związek umysłu i ciała*, Warszawa 2003.

Buzan T., Dottino T., Israel R., *Zwykli ludzie – liderzy. Jak maksymalnie wykorzystać kreatywność pracowników*, Warszawa 2008.

Carnegie D., *I ty możesz być liderem*, Warszawa 1995.

Carnegie D., *Jak przestać się martwić i zacząć żyć*, Warszawa 2011.

Carnegie D., *Jak zdobyć przyjaciół i zjednać sobie ludzi*, Warszawa 2011.

Carnegie D., *Po szczeblach słowa. Jak stać się doskonałym mówcą i rozmówcą*, Warszawa 2009.

Carnegie D., Crom M., Crom J.O., *Szkoła biznesu. O pozyskiwaniu klientów na zawsze*, Warszawa 2003.

Cialdini R., *Wywieranie wpływu na ludzi*, Gdańsk 1998.

Clegg B., *Przyspieszony kurs rozwoju osobistego*, Warszawa 2002.

Cofer C.N., Appley M.H., *Motywacja: teoria i badania*, Warszawa 1972.

Cohen H., *Wszystko możesz wynegocjować. Jak osiągnąć to, co chcesz*, Warszawa 1997.

Covey S.R., *3. rozwiązanie*, Poznań 2012.

Covey S.R., *7 nawyków skutecznego działania*, Poznań 2007.

Covey S.R., *8. nawyk*, Poznań 2006.

Covey S.R., Merrill A.R., Merrill R.R., *Najpierw rzeczy najważniejsze*, Warszawa 2007.

Craig M., *50 najlepszych (i najgorszych) interesów w historii biznesu*, Warszawa 2002.

Csikszentmihalyi M., *Przepływ: psychologia optymalnego doświadczenia*, Wrocław 2005.

Davis R.C., Lindsmith B., *Ludzie renesansu: umysły, które ukształtowały erę nowożytną*, Poznań 2012.

Davis R.D., Braun E.M., *Dar dysleksji. Dlaczego niektórzy zdolni ludzie nie umieją czytać i jak mogą się nauczyć*, Poznań 2001.

Dearlove D., *Biznes w stylu Richarda Bransona. 10 tajemnic twórcy megamarki*, Gdańsk 2009.

DeVos D., *Podstawy wolności. Wartości decydujące o sukcesie jednostek i społeczeństw*, Konstancin-Jeziorna 1998.

DeVos R.M., Conn Ch.P., *Uwierz! Credo człowieka czynu, współzałożyciela Amway Corporation, hołdującego zasadom, które uczyniły Amerykę wielką*, Warszawa 1994.

Dixit A.K., Nalebuff B.J., *Myślenie strategiczne. Jak zapewnić sobie przewagę w biznesie, polityce i życiu prywatnym*, Gliwice 2009.

Dixit A.K., Nalebuff B.J., *Sztuka strategii. Teoria gier w biznesie i życiu prywatnym*, Warszawa 2009.

Dobson J., *Jak budować poczucie wartości w swoim dziecku*, Lublin 1993.

Doskonalenie strategii (seria Harvard Bussines Review), praca zbiorowa, Gliwice 2006.

Dryden G., Vos J., *Rewolucja w uczeniu*, Poznań 2000.

Dyer W.W., *Kieruj swoim życiem*, Warszawa 2012.

Dyer W.W., *Pokochaj siebie*, Warszawa 2008.

Edelman R.C., Hiltabiddle T.R., Manz Ch.C., *Syndrom miłego człowieka*, Gliwice 2010.

Eichelberger W., Forthomme P., Nail F., *Quest. Twoja droga do sukcesu. Nie ma prostych recept na sukces, ale są recepty skuteczne*, Warszawa 2008.

Enkelmann N.B., *Biznes i motywacja*, Łódź 1997.

Eysenck H. i M., *Podpatrywanie umysłu. Dlaczego ludzie zachowują się tak, jak się zachowują?*, Gdańsk 1996.

Ferriss T., *4-godzinny tydzień pracy. Nie bądź płatnym niewolnikiem od 7.00 do 17.00*, Warszawa 2009.

Flexner J.T., *Waschington. Człowiek niezastąpiony*, Warszawa 1990.

Forward S., Frazier D., *Szantaż emocjonalny: jak obronić się przed manipulacją i wykorzystaniem*, Gdańsk 2011.

Frankl V.E., *Człowiek w poszukiwaniu sensu*, Warszawa 2009.

Fraser J.F., *Jak Ameryka pracuje*, Przemyśl 1910.

Freud Z., *Wstęp do psychoanalizy*, Warszawa 1994.

Fromm E., *Mieć czy być*, Poznań 2009.

Fromm E., *Niech się stanie człowiek. Z psychologii etyki*, Warszawa 2005.

Fromm E., *O sztuce miłości*, Poznań 2002.

Fromm E., *O sztuce słuchania. Terapeutyczne aspekty psychoanalizy*, Warszawa 2002.

Fromm E., *Serce człowieka. Jego niezwykła zdolność do dobra i zła*, Warszawa 2000.

Fromm E., *Ucieczka od wolności*, Warszawa 2001.

Fromm E., *Zerwać okowy iluzji*, Poznań 2000.

Galloway D., *Sztuka samodyscypliny*, Warszawa 1997.

Gardner H., *Inteligencje wielorakie – teoria w praktyce*, Poznań 2002.

Gawande A., *Potęga checklisty: jak opanować chaos i zyskać swobodę w działaniu*, Kraków 2012.

Gelb M.J., *Leonardo da Vinci odkodowany*, Poznań 2005.

Gelb M.J., Miller Caldicott S., *Myśleć jak Edison*, Poznań 2010.

Gelb M.J., *Myśleć jak geniusz*, Poznań 2004.

Gelb M.J., *Myśleć jak Leonardo da Vinci*, Poznań 2001.

Giblin L., *Umiejętność postępowania z innymi...*, Kraków 1993.

Girard J., Casemore R., *Pokonać drogę na szczyt*, Warszawa 1996.

Glass L., *Toksyczni ludzie*, Poznań 1998.

Godlewska M., *Jak pokonałam raka*, Białystok 2011.

Godwin M., *Kim jestem? 101 dróg do odkrycia siebie*, Warszawa 2001.

Goleman D., *Inteligencja emocjonalna*, Poznań 2002.

Gordon T., *Wychowywanie bez porażek szefów, liderów, przywódców*, Warszawa 1996.

Gorman T., *Droga do skutecznych działań. Motywacja*, Gliwice 2009.

Gorman T., *Droga do wzrostu zysków. Innowacja*, Gliwice 2009.

Greenberg H., Sweeney P., *Jak odnieść sukces i rozwinąć swój potencjał*, Warszawa 2007.

Habeler P., Steinbach K., *Celem jest szczyt*, Warszawa 2011.

Hamel G., Prahalad C.K., *Przewaga konkurencyjna jutra*, Warszawa 1999.

Hamlin S., *Jak mówić, żeby nas słuchali*, Poznań 2008.

Hill N., *Klucze do sukcesu*, Warszawa 1998.

Hill N., *Magiczna drabina do sukcesu*, Warszawa 2007.

Hill N., *Myśl!... i bogać się. Podręcznik człowieka interesu*, Warszawa 2012.

Hill N., *Początek wielkiej kariery*, Gliwice 2009.

Ingram D.B., Parks J.A., *Etyka dla żółtodziobów, czyli wszystko, co powinieneś wiedzieć o...*, Poznań 2003.

Jagiełło J., Zuziak W. [red.], *Człowiek wobec wartości*, Kraków 2006.

James W., *Pragmatyzm*, Warszawa 2009.

Jamruszkiewicz J., *Kurs szybkiego czytania*, Chorzów 2002.

Johnson S., *Tak czy nie. Jak podejmować dobre decyzje*, Konstancin-Jeziorna 1995.

Jones Ch., *Życie jest fascynujące*, Konstancin-Jeziorna 1993.

Kanter R.M., *Wiara w siebie. Jak zaczynają się i kończą dobre i złe passy*, Warszawa 2006.

Keller H., *Historia mojego życia*, Warszawa 1978.

Kirschner J., *Zwycięstwo bez walki. Strategie przeciw agresji*, Gliwice 2008.

Koch R., *Zasada 80/20. Lepsze efekty mniejszym nakładem sił i środków*, Konstancin-Jeziorna 1998.

Kopmeyer M.R., *Praktyczne metody osiągania sukcesu*, Warszawa 1994.

Ksenofont, *Cyrus Wielki. Sztuka zwyciężania*, Warszawa 2008.

Kuba A., Hausman J., *Dzieje samochodu*, Warszawa 1973.

Kumaniecki K., *Historia kultury starożytnej Grecji i Rzymu*, Warszawa 1964.

Lamont G., *Jak podnieść pewność siebie*, Łódź 2008.

Leigh A., Maynard M., *Lider doskonały*, Poznań 1999.

Littauer F., *Osobowość plus*, Warszawa 2007.

Loreau D., *Sztuka prostoty*, Warszawa 2009.

Lott L., Intner R., Mendenhall B., *Autoterapia dla każdego. Spróbuj w osiem tygodni zmienić swoje życie*, Warszawa 2006.

Maige Ch., Muller J.-L., *Walka z czasem. Atut strategiczny przedsiębiorstwa*, Warszawa 1995.

Mansfield P., *Jak być asertywnym*, Poznań 1994.

Martin R., *Niepokorny umysł. Poznaj klucz do myślenia zintegrowanego*, Gliwice 2009.

Maslow A., *Motywacja i osobowość*, Warszawa 2009.

Matusewicz Cz., *Wprowadzenie do psychologii*, Warszawa 2011.

Maxwell J.C., *21 cech skutecznego lidera*, Warszawa 2012.

Maxwell J.C., *Tworzyć liderów, czyli jak wprowadzać innych na drogę sukcesu*, Konstancin-Jeziorna 1997.

Maxwell J.C., *Wszyscy się komunikują, niewielu potrafi się porozumieć*, Warszawa 2011.

McCormack M.H., *O zarządzaniu*, Warszawa 1998.

McElroy K., *Jak inwestować w nieruchomości. Znajdź ukryte zyski, których większość inwestorów nie dostrzega*, Osielsko 2008.

McGee P., *Pewność siebie. Jak mała zmiana może zrobić wielką różnicę*, Gliwice 2011.

McGrath H., Edwards H., *Trudne osobowości. Jak radzić sobie ze szkodliwymi zachowaniami innych oraz własnymi*, Poznań 2010.

Mellody P., Miller A.W., Miller J.K., *Toksyczna miłość i jak się z niej wyzwolić*, Warszawa 2013.

Melody B., *Koniec współuzależnienia*, Poznań 2002.

Miller M., *Style myślenia*, Poznań 2000.

Mingotaud F., *Sprawny kierownik. Techniki osiągania sukcesów*, Warszawa 1994.

MJ DeMarco, *Fastlane milionera*, Katowice 2012.

Morgenstern J., *Jak być doskonale zorganizowanym*, Warszawa 2000.

Nay W.R., *Związek bez gniewu. Jak przerwać błędne koło kłótni, dąsów i cichych dni*, Warszawa 2011.

Nierenberg G.I., *Ekspert. Czy nim jesteś?*, Warszawa 2001.

Ogger G., *Geniusze i spekulanci, Jak rodził się kapitalizm*, Warszawa 1993.

Osho, *Księga zrozumienia. Własna droga do wolności*, Warszawa 2009.

Parkinson C.N., *Prawo pani Parkinson*, Warszawa 1970.

Peale N.V., *Entuzjazm zmienia wszystko. Jak stać się zwycięzcą*, Warszawa 1996.

Peale N.V., *Możesz, jeśli myślisz, że możesz*, Warszawa 2005.

Peale N.V., *Rozbudź w sobie twórczy potencjał*, Warszawa 1997.

Peale N.V., *Uwierz i zwyciężaj. Jak zaufać swoim myślom i poczuć pewność siebie*, Warszawa 1999.

Pietrasiński Z., *Psychologia sprawnego myślenia*, Warszawa 1959.

Pilikowski J., *Podróż w świat etyki*, Kraków 2010.

Pink D.H., *Drive*, Warszawa 2011.

Pirożyński M., *Kształcenie charakteru*, Poznań 1999.

Pismo Święte Starego i Nowego Testamentu. Biblia Tysiąclecia, Warszawa 2002.

Pismo Święte w Przekładzie Nowego Świata, 1997.

Popielski K., *Psychologia egzystencji. Wartości w życiu*, Lublin 2009.

Poznaj swoją osobowość, Bielsko-Biała 1996.

Przemieniecki J., *Psychologia jednostki. Odkoduj szyfr do swego umysłu*, Warszawa 2008.

Pszczołowski T., *Umiejętność przekonywania i dyskusji*, Gdańsk 1998.

Reiman T., *Potęga perswazyjnej komunikacji*, Gliwice 2011.

Robbins A., *Nasza moc bez granic. Skuteczna metoda osiągania życiowych sukcesów za pomocą NLP*, Konstancin-Jeziorna 2009.

Robbins A., *Obudź w sobie olbrzyma... i miej wpływ na całe swoje życie – od zaraz*, Poznań 2002.

Robbins A., *Olbrzymie kroki*, Warszawa 2001.

Robert M., *Nowe myślenie strategiczne: czyste i proste*, Warszawa 2006.

Robinson J.W., *Imperium wolności. Historia Amway Corporation*, Warszawa 1997.

Rose C., Nicholl M.J., *Ucz się szybciej, na miarę XXI wieku*, Warszawa 2003.

Rose N., *Winston Churchill. Życie pod prąd*, Warszawa 1996.

Rychter W., *Dzieje samochodu*, Warszawa 1962.

Ryżak Z., *Zarządzanie energią kluczem do sukcesu*, Warszawa 2008.

Savater F., *Etyka dla syna*, Warszawa 1996.

Schäfer B., *Droga do finansowej wolności. Pierwszy milion w ciągu siedmiu lat*, Warszawa 2011.

Schäfer B., *Zasady zwycięzców*, Warszawa 2007.

Scherman J.R., *Jak skończyć z odwlekaniem i działać skutecznie*, Warszawa 1995.

Schuller R.H., *Ciężkie czasy przemijają, bądź silny i przetrwaj je*, Warszawa 1996.

Schwalbe B., Schwalbe H., Zander E., *Rozwijanie osobowości. Jak zostać sprzedawcą doskonałym*, tom 2, Warszawa 1994.

Schwartz D.J., *Magia myślenia kategoriami sukcesu*, Konstancin-Jeziorna 1994.

Schwartz D.J., *Magia myślenia na wielką skalę. Jak zaprząc duszę i umysł do wielkich osiągnięć*, Warszawa 2008.

Scott S.K., *Notatnik milionera. Jak zwykli ludzie mogą osiągać niezwykłe sukcesy*, Warszawa 1997.

Sedlak K. [red.], *Jak poszukiwać i zjednywać najlepszych pracowników*, Kraków 1995.

Seiwert L.J., *Jak organizować czas*, Warszawa 1998.

Seligman M.E.P., *Co możesz zmienić, a czego nie możesz*, Poznań 1995.

Seligman M.E.P., *Pełnia życia*, Poznań 2011.

Seneka, *Myśli*, Kraków 1989.

Sewell C., Brown P.B., *Klient na całe życie, czyli jak przypadkowego klienta zmienić w wiernego entuzjastę naszych usług*, Warszawa 1992.

Słownik pisarzy antycznych, Warszawa 1982.

Smith A., *Umysł*, Warszawa 1989.

Spector R., *Amazon.com. Historia przedsiębiorstwa, które stworzyło nowy model biznesu*, Warszawa 2000.

Spence G., *Jak skutecznie przekonywać… wszędzie i każdego dnia*, Poznań 2001.

Sprenger R.K., *Zaufanie # 1*, Warszawa 2011.

Staff L., *Michał Anioł*, Warszawa 1990.

Stone D.C., *Podążaj za swymi marzeniami*, Konstancin-Jeziorna 1998.

Swiet J., *Kolumb*, Warszawa 1979.

Szurawski M., *Pamięć. Trening interaktywny*, Łódź 2004.

Szyszkowska M., *W poszukiwaniu sensu życia*, Warszawa 1997.

Tatarkiewicz W., *O szczęściu*, Warszawa 1979.

Tavris C., Aronson E., *Błądzą wszyscy (ale nie ja)*, Sopot–Warszawa 2008.

Tracy B., *Milionerzy z wyboru. 21 tajemnic sukcesu*, Warszawa 2002.

Tracy B., *Plan lotu. Prawdziwy sekret sukcesu*, Warszawa 2008.

Tracy B., Scheelen F.M. *Osobowość lidera*, Warszawa 2001.

Tracy B., *Sztuka zatrudniania najlepszych. 21 praktycznych i sprawdzonych technik do wykorzystania od zaraz*, Warszawa 2006.

Tracy B., *Turbostrategia. 21 skutecznych sposobów na przekształcenie firmy i szybkie zwiększenie zysków*, Warszawa 2004.

Tracy B., *Zarabiaj więcej i awansuj szybciej. 21 sposobów na przyspieszenie kariery*, Warszawa 2007.

Tracy B., *Zarządzanie czasem*, Warszawa 2008.

Tracy B., *Zjedz tę żabę. 21 metod podnoszenia wydajności w pracy i zwalczania skłonności do zwlekania*, Warszawa 2005.

Twentier J.D., *Sztuka chwalenia ludzi*, Warszawa 1998.

Urban H., *Moc pozytywnych słów*, Warszawa 2012.

Ury W., *Odchodząc od nie. Negocjowanie od konfrontacji do kooperacji*, Warszawa 2000.

Vitale J., *Klucz do sekretu. Przyciągnij do siebie wszystko, czego pragniesz*, Gliwice 2009.

Waitley D., *Być najlepszym*, Warszawa 1998.

Waitley D., *Imperium umysłu*, Konstancin–Jeziorna 1997.

Waitley D., *Podwójne zwycięstwo*, Warszawa 1996.

Waitley D., *Sukces zależy od właściwego momentu*, Warszawa 1997.

Waitley D., Tucker R.B., *Gra o sukces. Jak zwyciężać w twórczej rywalizacji*, Warszawa 1996.

Walton S., Huey J., *Sam Walton. Made in America*, Warszawa 1994.

Waterhouse J., Minors D., Waterhouse M., *Twój zegar biologiczny. Jak żyć z nim w zgodzie*, Warszawa 1993.

Wegscheider-Cruse S., *Poczucie własnej wartości. Jak pokochać siebie*, Gdańsk 2007.

Wilson P., *Idealna równowaga. Jak znaleźć czas i sposób na pełnię życia*, Warszawa 2010.

Ziglar Z., *Do zobaczenia na szczycie*, Warszawa 1995.

Ziglar Z., *Droga na szczyt*, Konstancin–Jeziorna 1995.

Ziglar Z., *Ponad szczytem*, Warszawa 1995.

INNE KSIĄŻKI WYDAWCY

Wersje audio i e-book dostępne u naszych partnerów.
Audiobook – Audioteka i Storytel
E-book – Empik i Nexto

INNE KSIĄŻKI WYDAWCY

Wersje audio i e-book dostępne u naszych partnerów.
Audiobook – Audioteka i Storytel
E-book – Empik i Nexto

INNE KSIĄŻKI WYDAWCY

Wersje audio i e-book dostępne u naszych partnerów.
Audiobook – Audioteka i Storytel
E-book – Empik i Nexto

www.ingramcontent.com/pod-product-compliance
Lightning Source LLC
LaVergne TN
LVHW041606070526
838199LV00052B/3011